现代高校速度滑冰运动教程

主　编　陈　松　毛羽鹏　孙玉宁
副主编　关荣鑫　厉中山　王晓东　韩　姝

东北大学出版社

·沈　阳·

ⓒ 陈　松　毛羽鹏　孙玉宁　**2022**

图书在版编目（CIP）数据

现代高校速度滑冰运动教程 ／ 陈松，毛羽鹏，孙玉
宁主编 ． 一 沈阳：东北大学出版社，2022.8（2025.9重印）
ISBN 978-7-5517-3057-0

Ⅰ．①现… Ⅱ．①陈… ②毛… ③孙… Ⅲ．①速度滑
冰—高等学校—教材 Ⅳ．①G862.1

中国版本图书馆 CIP 数据核字（2022）第 143440 号

出 版 者：东北大学出版社
　　　　　地址：沈阳市和平区文化路三号巷 11 号
　　　　　邮编：110819
　　　　　电话：024-83680176（总编室）　83687331（营销部）
　　　　　传真：024-83687332（总编室）　83680180（营销部）
　　　　　网址：http://www.neupress.com
　　　　　E-mail: neuph@neupress.com
印 刷 者：抚顺光辉彩色广告印刷有限公司
发 行 者：东北大学出版社
幅面尺寸：185 mm×260 mm
印　　张：16
字　　数：254千字
出版时间：2022年7月第1版
印刷时间：2025年9月第2次印刷
组稿编辑：张德喜
责任编辑：郎　坤
责任校对：杨　坤
封面设计：潘正一

ISBN 978-7-5517-3057-0　　　　　　　　　　定　价：68.00元

前 言

PREFACE

北京冬奥会胜利召开,在"双奥之城"的背后是 3 亿人参与冰雪的助力,为冰雪运动开启了一个崭新的时代。速滑运动是现代体育项目之一,它是借助专用冰刀在天然或人工冰场上进行的运动,包括速度滑冰、短道速滑两个项目。其特点和作用是易学、趣味性强、有驾驭感、速度快、运动量大、可以促进心肺功能训练和提升耐寒能力等,具有较高的锻炼价值,适合广大青少年练习。

东北大学滑冰课曾被评为"国家级精品课程",其中速滑课程教学具有悠久的历史,经过几代教师在实际教学中的经验总结,形成了独具特色并系统有效的课程体系。根据大学生所掌握滑行技术的不同阶段进行精细化的教学,通过速滑运动教程理论指导与实践教学部分的介绍,使普通高校大学生比较系统地了解和熟悉速滑运动,并较为熟练地掌握滑冰技巧,使之成为大学生终身受益的体育项目。速滑运动可以有效地增强大学生抗寒耐寒能力、身体平衡能力,促进大学生心血管和呼吸系统机能的改善,增强腰、腹、腿部肌肉的力量和各关节的灵活性、协调性,提高速度耐力,从而全面提高身体机能。希望通过速滑课程的学习,使大学生充分感受滑冰运动的乐趣,爱生活、爱体育;同时培养大学生勇敢、顽强、不畏困难的优秀品质。冰上实践教学可以有效增强大学生的自信心与意志力,形成以素质教育为主导的健康教育与终身体育意识,最终培养出身心健康、德智体美劳全面发展的大学生。

本教程由东北大学体育部教学团队编写,共包括七章三十五节,系统地对速滑运动发展演变、分类情况以及速度滑冰和短道速滑不同的技术与教学的分类进行了归纳总结。感谢前人对该领域内容的探讨与无私的奉献。如果读者在学研过程中发现不完善需要补足的地方，请不吝赐教。

　　辛勤耕耘，经历风雨兼程跋涉；桃李芬芳，谱写催人奋进诗篇；声名远扬，助力冬奥震撼画卷。在东北大学百年华诞之际，东北大学体育部以此书为东北大学献礼。

陈　松

2022年5月1日于东北大学

目　录
CONTENTS

第一章　绪　论

第一节　概　述

一、概述

（一）速滑运动定义

速滑运动是运动员借助冰刀采用特殊的滑跑姿势在冰面上所进行比赛滑跑速度的体育运动。它分为速度滑冰和短道速滑。

速度滑冰（speed skating）是以克莱普冰刀为工具在冰上进行的一种竞速运动。在国际体育分类学上属于滑冰运动。它是指在规定距离内以竞速为目的的滑冰比赛，简称速滑，是冬季奥运会的正式比赛项目。运动员脚着冰鞋在冰面上滑行，借助冰刀的刀刃切入冰面形成稳固的支撑点，通过两腿轮流蹬冰、收腿、下刀、滑进动作以及全身协调配合向前快速滑行。

短道速滑（short track speed skating）是以冰刀为工具，比速度、比技术、比战术、比心理的冰上竞赛项目。比赛中，运动员身着紧身防切割服，头戴安全头盔手上戴防切割手套等在冰面上飞驰。比赛采取集体出发多轮次淘汰赛形式，在跑道任何位置可以进行超越与反超越，最终以名次决定胜负。

（二）速滑运动特点

1. 流线型蹲屈姿势

为了保持滑跑全程各区段的最佳速度，就必须减少阻力作用和增大推进力的作用，采用正确的滑跑姿势就可以达到上述要求。虽然每个人的身体躯干和四肢形态特点不同，但他们的滑跑姿势的共同点是呈流线型的低滑跑姿势，上体前倾、腿部弯曲、膝关节角度接近90°。采用这种滑跑姿势有利于在滑跑中增大推进力和减少阻力（见图1-1）。

图1-1　正确跑姿

2. 滑跑

所谓滑跑，是指运动员动作外形而言，它不同于陆上跑的动作，是用支撑滑进代替了陆上跑时的腾空动作。而且滑跑动作是始终在冰上借助有弧度的冰刀刃滑进完成的。

3. 推动身体稳定移动的支点在体侧移动

在滑进时人体是借助于锋利的冰刀刃蹬冰向前移动的。冰刀切入冰面，形成稳固的重心支点，而这个支点又不是固定的，它随冰刀滑进而移动使冰刀向前移动，这样才能支撑冰面推动身体重心向前移动。滑跑速度为12～13米/秒，而腿部肌肉收缩速度为4～5米/秒，由于冰刀利用了滑进速度补充肌肉收缩速度的不足，所以，在蹬冰时出现了侧蹬冰这种现象，就像车的轮子在车身侧向一样。

4. 滑步速度变化的脉动曲线

在每个滑步中蹬冰产生加速，在蹬冰后身体借助惯性力向前移动，此时由于空气阻力和冰刀受到冰面摩擦力作用而使滑行速度减慢，造成滑跑速度是高低变化的，不是匀速的，我们称这一特点为滑跑速度的脉动曲线变化。

5. 借助于冰刀在冰上从事运动

速滑运动借助狭长的冰刀来完成，由于支撑面小，因此保持身体重心在窄小支撑面的稳定是技术的基础。由于冰刀在冰上滑行阻力小，又有切入性能，因此，必须掌握冰刀正确支撑性能，磨好冰刀，使冰刀呈现一定弧度，熟悉冰性进行正确滑跑。

6. 滑跑的动作是典型的周期性运动

滑跑一个复步动作是由两条腿轮流做蹬冰滑进和自由滑进两个动作组成，即两个滑步为一个动作周期。直道一个动作周期包括 4 个时期、6 个阶段、12 个动作。

二、速滑运动比赛距离

（一）速滑运动比赛距离

目前速度滑冰运动项目根据国际滑冰联合会最新规则划分为 14 个比赛项目。

1. 短距离比赛

包括 500 米，1000 米。

2. 长距离比赛

包括 1500 米，3000 米（女子），5000 米，10000 米（男子）。

3. 集体滑比赛

集体竞赛项目包括集体追逐赛、接力赛等集体滑和奥林匹克冬季运动会比赛项目。世界速滑锦标赛和每年的世界杯速滑赛是速度滑冰的主要赛事。

4. 团体追逐

每支队伍由 3 名运动员组成，竞赛距离为女子 6 圈、男子 8 圈。

（二）短道速滑运动项目

目前短道速滑运动项目根据国际滑冰联合会最新规则划分为9个比赛内容。

1. 个人项目

包括500米，1000米，1500米。

2. 接力项目

包括女子3000米接力，男子5000米接力，男女混合2000米接力。

第二节　速度滑冰运动的产生与发展

一、速滑运动的产生与发展

（一）速滑运动的起源

冰雪运动是人类最古老的运动项目之一，世界最早记载冰雪运动的文字资料是英国《滑雪者》杂志，该杂志这样记载："世界上最古老的运动是滑雪，到目前为止，最早的滑雪古迹是在瑞典霍汀发现的4500年前的化石。其次是挪威北部罗多艾挖掘的石雕上面有两个猎人穿着兽骨制作的滑雪板狩猎，经考证是公元前两千年的遗物。在中世纪斯堪的纳维亚人穿着冰鞋一样的滑雪板打猎和作战。"（见图1-2）之后，逐渐演变成游戏，直到今天的速度

图1-2　滑雪起源

滑冰运动。

早在 10 世纪，在荷兰、英国及北欧一些国家的文献中就发现了将动物骨骼绑在脚上，在冰上用撑杖快速移动的记载（见图 1-3 中 1）。在英国的 12 世纪一本手抄文献中记载了伦敦的居民用非常简单的兽骨在冰上滑行。类似的记载在荷兰的古雕刻画、斯堪的纳维亚的叙述文字中以及瑞典的古文献中都有发现。尽管这些只是人们在冰上的一种代步工具，或者说是冬季进行的一种游戏，但却为现代速度滑冰运动的产生和形成奠定了基础。

13 世纪初，一种安装在木板上的铁制组合冰刀（见图 1-3 中 3）在荷兰出现。到了 1572 年，苏格兰人制造了第一副全铁制冰刀。大约又经过一个世

图 1-3 冰刀演变过程

纪，作为军事训练和宫廷娱乐的冰嬉就已在中国兴起。乾隆年间，滑冰成为清朝军队非常重视的一项军事训练项目。每逢寒凝大地、千里冰封的季节，在北京中南海或北海举行盛大的冰嬉表演，参加人数多至 1600 人，皇帝亲临校阅。如此大场面的单项运动会在当时来说是盛况空前的。

17 世纪中期，一个荷兰人首次穿冰刀沿河的冰面从一个城市滑到另一个城市。然而，这个时期滑冰还没有脱离游戏性质。进入 18 世纪，滑冰在英格兰迅速普及并很快发展成一种竞赛活动。1742 年，第一个滑冰组织爱丁堡滑冰俱乐部在英格兰成立。1763 年 2 月 4 日，英国首次举行了距离为 15 英里的滑冰比赛。

19 世纪初，以竞速为内容的滑冰比赛在荷兰开始出现，比赛的距离只有 160 米，是在一段直道上进行的。

从 19 世纪 40 年代开始，速度滑冰从英格兰和荷兰迅速传入其他国家，各国的滑冰俱乐部纷纷建立。1891 年，速度滑冰比赛的距离单位由英里改为米，各研究资料都把这一事件作为速度滑冰运动统一标准的一个重要的历史事件，是速滑运动从地方运动走向国际化、世界化、统一化的标志。在对速滑运动

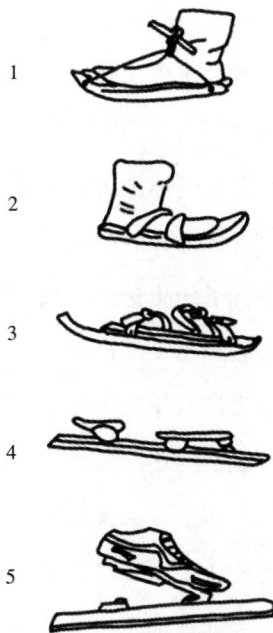

发展的研究中，有很多的关于速度滑冰运动发展起源研究的文献资料，由于速滑的历史比较悠久，发生的事件比较多，所以各种文献资料都不能做到面面俱到，大多都从某一个角度对速滑运动发展的历史进行描述。例如：韩丹的文章《冰上运动文化史述略》《论乾隆创造了古代世界滑冰的辉煌》《论我国古代滑冰的鼎盛时代》从我国滑冰运动的古代发展史和文化史对滑冰运动进行了历史论述。胡奇志、芦立前的文章《冰上体育运动发展史介绍》主要对起源于早期滑冰活动的冰上运动近千年的历史发展过程进行考察，将其划分为"娱乐化""运动项目""奥运会"等阶段，并对每一发展阶段的特点进行概括论述。杨树人、柳万熙的文章《冰上运动及其价值》从冰上运动内涵、世界冰上运动文化史、中国冰上运动文化史和现代人的冰上运动文化等角度，论述了冰上运动文化是人类创造活动的成果、是人类文化的结晶，它集聚着人类在冰面上争夺活动自由权的智慧，并将随着人类历史进程而发展，人类将创造出更加灿烂的文化成果，指出了冰上运动具有健康、观赏、竞技、商品和宣传等价值。

（二）近代速度滑冰运动发展历史

19世纪70年代，速滑运动广泛开展。1879年英国第一个全国性的滑冰协会创立。不久，荷兰、加拿大、德国以及奥地利等国家也相继成立了冰上运动组织。

这个时期，随着国际赛事的增多，人们遇到很多诸如比赛场地规格和比赛事项及距离的问题。针对这些问题，荷兰人提出了双跑道两人一组同时出发，并设短、中、长距离比赛项目的建议。1888年，这个建议被采纳。

随着国际速滑比赛项目增多和各国滑冰协会的建立，人们想到了要建立一个国际机构以推动、领导世界速滑运动开展和协调解决比赛出现的问题。

1892年7月，在荷兰的倡议下，国际滑冰联合会成立。1893年1月，在国际滑联的领导下，首届世界男子速滑锦标赛在荷兰首都阿姆斯特丹举行。世界锦标赛也由此走上了制度化的轨道。而在此后近半个世纪的时间里，一直没有举办女子速滑的比赛。到1936年才举办首届世界女子速滑锦标赛。

1924年速度滑冰被正式列为冬奥会比赛项目。最初设男子500米、1500米、5000米、10000米及全能5个项目。第二届取消了全能项目的比赛。1960年女子速滑被列入冬奥会项目。

自1742年爱丁堡滑冰俱乐部诞生至今，速度滑冰运动已发展到世界5大洲70多个国家和地区，其中59个国家和地区的速滑组织加入了国际滑联。现代冬奥会使现代速滑运动得到了迅猛发展。

二、现代速度滑冰运动的发展历程

（一）现代速度滑冰运动的形成阶段

现代速滑运动形成阶段为19世纪末至20世纪初。1889年在荷兰首都阿姆斯特丹市举办了首届国际速度滑冰比赛，有荷兰、挪威等13个国家参加。1892年正式成立国际滑冰联合会。以后每年举行一届世界速滑比赛，1893年正式举办了第一届世界男子速滑锦标赛。1936年举办了第一届世界女子速滑锦标赛。19世纪末到20世纪初，速滑技术水平有了更大的提高。1902年，挪威人鲍尔森和哈根发明了铁制管形冰刀，使世界速度滑冰的技术水平和运动成绩都有了大幅度的提高。同时，在世界速滑锦标赛上涌现出一批著名的优秀运动员，如挪威的阿里谢里、荷兰的彼得尔和、俄国的班申、美国的谢诺林等，他们多次打破世界纪录，为速滑运动的发展作出了积极的贡献。1924年，世界最大的体育组织——奥林匹克运动委员会举办了第一届冬季奥运会，设有男子速滑比赛，1960年增加了女子速滑比赛项目。国际速滑比赛的开展，极大地促进了速滑运动的发展和技术水平的提高。这个过程大约经历了40年的时间。

（二）现代速滑运动专项技术发展阶段

20世纪40年代初至80年代末是速滑专项技术发展阶段。人工浇灌冰场的修建及温水浇冰场方法的使用，使冰面滑度好，进而改进了速滑技术和训练方法。20世纪40年代的速滑技术已由短而有力的向后蹬冰动作发展为借助冰刀在冰上进行较长滑进蹬冰，大步滑跑成为各国优秀运动员的基础技术。

20世纪70年代以来，速滑技术理念由"重心左右移动而支点相对不动的"技术观念转变成"支点相对左右移动而重心相对不动"的理念。特别是20世纪90年代初，新式冰刀的产生给这种新技术增添了飞翔的翅膀，这是速滑运动的一次革命。它促进了速滑运动技术的飞速发展。20世纪90年代中期，一种被称为"拖拉板"的新式冰刀问世。1998年，冬奥会几乎所有奥运会纪录全部得到刷新。从1998年至今所有冬奥会金牌获得者和新的世界纪录创造者几乎全部使用的是新冰刀——克莱普（Klap）冰刀。当今世界速滑技术变革主要有：① 减少阻力作用，增大推进力作用；② 抓住了技术关键，保持身体重心的平稳移动，从而提高滑跑直线性，获得更快的滑跑速度。

（三）速滑运动科学系统的综合研究发展阶段

20世纪80年代以后，随着社会科技的进步，"系统、信息、控制"三论在整个社会各界得到广泛应用。"三论"理论在速滑运动中的应用就是人们开始对速滑运动从选材、训练、恢复、营养食补到运动饮料、场地器材、服装用具等多方面进行综合的研究，对大运动负荷训练进行更加深入分析，提出以强度、质量为主体的机体内保持平衡的训练理论。运用解剖学、生理学、运动医学、心理学、生物力学、生物化学等相关学科对速滑运动训练进行全面研究，使速滑运动竞技水平有较大幅度提高，这表明科学系统化训练使速滑运动持续发展。这也吸引了更多爱好者开展速滑运动的锻炼，进一步推动了速滑运动的普及和提高。

第三节　短道速滑的产生与发展

一、现代短道速滑的产生与发展

短道速滑项目于19世纪80年代起源于加拿大。1969年，加拿大在第33届国际滑冰联盟代表大会发布《短跑道速度滑冰规则》。1975年，国际滑冰联盟成立短跑道速度滑冰技术委员会。1981年，《短跑道速度滑冰规则》被引进中国。1988年，在加拿大卡尔加里举行的第15届冬季奥林匹克运动会上，短道速滑首次被列为表演项目；1992年，在法国阿尔贝维尔第16届冬季奥林匹克运动会上，短道速滑被列为正式比赛项目，比赛项目有男子1000米、5000米接力；女子500米、3000米接力；1994年挪威利勒哈默尔第17届冬季奥林匹克运动会新增项目有男子500米、女子1000米；2002年美国盐湖城第19届冬季奥林匹克运动会新增项目有男子1500米、女子1500米。2018年7月，短道速滑混合团体接力项目列为2022年北京冬奥会正式比赛项目。短道速滑运动发展至今，运动成绩逐年提高，世界纪录不断被刷新。目前的男子500米项目世界纪录是39秒937，女子500米项目世界纪录是42秒597。而30年前世界锦标赛立项时，男子500米项目世界冠军的成绩是49秒，女子500米项目世界冠军的成绩是52秒34。短道速滑项目被列为冬季奥运会项目后，开展冬季项目的国家非常重视，参与短道速滑比赛的国家越来越多，促进了这个项目的发展。自2002年盐湖城冬奥会后，男子1000米项目成绩从1分27秒185提高至1分23秒007；男子1500米项目成绩从2分15秒942提高至2分09秒041。女子1000米项目成绩从1分31秒235提高至1分26秒661；女子1500米项目成绩从2分21秒069提高至2分16秒729。短短10年中世界短道速滑的运动成绩有了长足的进步。

参与这个项目的国家数量增多，欧洲强队不断加盟，目前中国、韩国、加拿大、俄罗斯和美国处于领先地位，世界短道速滑运动的发展呈现良好势态。

二、短道速滑的科学训练发展阶段

20世纪90年代后期，各国家都开始采用大负荷训练方法，增加训练量，提高训练强度，明显提高了中长距离项目的耐力水平，带动了短距离的速度水平。各国对冬奥会的比赛项目进行有针对性的布局，对运动员进行有针对性的大负荷训练。中国、韩国、加拿大、美国等队的每日训练时间均在6小时以上，有了这样大负荷、高强度的训练，才使得以上国家在近几届的冬奥会上，始终有金牌入账。而中国队在巩固短距离优势过程中，中长距离得到了突破，并囊括了温哥华冬奥会女子项目4枚金牌。

当今各国家短道速滑队无疑都很重视科学地大负荷训练，形成了有针对性地提高运动负荷、注重训练效率的趋势。

（一）短道速滑运动专项技术发展阶段

短道速滑场地的特点是直、弯道几乎相等；比赛方式是多人同组，同一跑道滑行。这个项目的特点决定了技术的重要性，身体姿势、动作幅度、蹬冰角度、做功实效的改进，都最大限度地影响着能力的发挥。尤其是弯道技术，既要克服离心力的作用，又要依靠弧线轨迹加速，还要协调滑行灵活变向。中国、韩国、加拿大、美国的滑行技术比较细腻，日本、荷兰、俄罗斯、意大利等国也在逐年提高。滑行技术细腻、动作结构合理、蹬冰做功实效已越来越成为各参赛队研究的重点。

（二）短道速滑战术发展阶段

随着短道速滑运动的不断发展，各国训练水平的不断提高，比赛的竞争激烈程度以及对战术的要求也越来越高，单纯地运用简单的战术已适应不了短道速滑发展的需要。短道速滑比赛中常用的战术有领先、尾随、变速、扣圈、掩护、策应等，比赛中运用这些战术变化可以获得主动权，抑制对手长处，使自己的能力得到最大程度的发挥。在近年比赛过程中，灵活和应变是实施短道速滑战术的重要手段，要根据每轮分组制定战术预案，根据场上情况变化改变战术方案，抓准时机实施战术方案，快速和高效地完成战术方案。以选择战术的多变，以对手战术的应变，以战术过程的改变，利用战术以变制变，达到制胜的目的。

（三）短道速滑科学综合发展阶段

情报信息是现代体育运动训练和竞赛的主要特征和必要的手段，"知己知彼，百战不殆"是体育竞赛中的战术指导思想。短道速滑训练和比赛也同样离不开情报信息，在激烈的竞争中只有了解对手的实力和训练情况，掌握对手的技术、战术特点等，才能在训练中有针对性地提高自己，在比赛中有的放矢采取措施战胜对手。

当今，科学化训练和监测已渗透到每个运动项目训练及竞赛的各个环节。运用运动训练的科学管理、训练过程的生物学监测、技术监测系统的应用，甚至用于运动员大负荷训练后的各种恢复手段来提高竞技水平，等等，都充分体现了科学训练和监测对竞技体育起到的重要作用。短道速滑训练中利用生理、生化、心率等指标，进行综合分析和评价，制定切实可行的训练计划，还可利用视频和影像分析，验证和改进运动员的技术环节和战术方案，为运动员发挥最大竞技能力和最佳竞技状态提供科学保证。

第四节 我国竞技速度滑冰与竞技短道速滑运动发展概述

一、竞技速度滑冰发展概述

虽然滑冰在我国有着悠久的历史，但是近代意义上的冰上运动始于19世纪末。1895年，英国人在天津英租界运动场成立了天津滑冰俱乐部，后在北京成立冰球俱乐部，1903年，滑冰又被俄国人传入哈尔滨。1911年，滑冰被传入大连、沈阳。20世纪二三十年代，滑冰在我国北方已经相当流行，当时北京、天津就有十多处冰场对外开放。北方的大连、沈阳及长春等城市已有二十多处冰场对外开放。这期间，北京、天津经常举办校际间的滑冰比赛。1935年，在北京举行了第一届华北地区的滑冰比赛。

抗日战争时期，陕甘宁边区的广大军民响应毛泽东关于"锻炼体魄好打日本"的号召，利用延河结冰的自然条件开展群众性的滑冰活动，并于1943年2月7日召开了延安冰上运动会，比赛项目有男、女100米等表演项目。

新中国成立后，竞技速滑运动得以迅速开展。短短的几年时间，速滑运动就在我国黑龙江省、吉林省、辽宁省、河北省、内蒙古自治区以及西北广大地区得到普及。1952年，全国有条件的地区都举行了规模不同的冰上运动会。经常参加这项活动的人数已达1万多人。1953年2月，在哈尔滨市举行了首届全国冰上运动会，有解放军、华北区、东北区、西北区、内蒙古自治区和火车头体协6个单位的138名男、女运动员参加了比赛。东北区运动员柳元龙获男子全能第一，火车头体协运动员沈永清获女子全能冠军，同时创造了第一批全国速滑纪录。虽然当时的速滑成绩不高，但对我国速滑运动的发展起了巨大的推动作用。同年，哈尔滨市、沈阳体育学院分别举办了冰上运动训练班，一些有条件的学校在冬季开设了滑冰体育课。

为了加强国际交流，1955年我国成立了冬季运动协会。1956年我国加入国际滑冰联盟。1955年国家开始有计划地邀请外国运动员来华访问比赛、聘请国外专家来华讲学。1957年我国速度滑冰代表队参加了世界男女速滑锦标赛，年轻的中国速滑运动员以豪迈的步伐登上世界冰坛。这届赛事中，杨菊为新中国赢得了首枚银牌。至此，我国竞技速滑运动开始了向世界进军的新阶段。

1959年2月，在哈尔滨市举行了第一届全国冬季运动会，有12个省8市的364名男、女运动员参加了比赛。这是我国竞技速滑运动史上规模最大的一次盛会。运动会期间，苏联哈萨克斯坦速滑代表队被邀请来华访问，并与黑龙江省速滑队进行了友谊比赛。

20世纪60年代初，我国速滑竞技水平逐步跻身于世界先进行列。特别是在1963年的世界男、女速滑锦标赛中，我国女运动员王淑媛获1000米速滑比赛的亚军和全能的第六名，男运动员王金玉、罗致焕分别打破世界速滑全能纪录并获全能的第五名和第六名。罗致焕还在1500米速滑比赛中以2分09秒2的成绩获冠军并刷新世界纪录，是我国速滑史上第一个高峰。

我国速滑运动从1953年第一届全国冰上运动会到1963年跻身世界速滑先进行列仅用了10年的时间，这种惊人的进步速度在世界速滑史上是前所未有的。如世界男子500米速滑纪录，从1893年瑞典选手欧·格里登创造的50秒8的成绩到1954年被挪威运动员杰·谢尔格耶夫以40秒9的成绩打破，经历了61年的时间，而我国从1953年李在雄创造的51秒4的纪录到1963年被王金玉以41秒1的成绩打破，只用了10年的时间；男子10000米速滑世界纪录，从1893年挪威的尼尔逊创造的19分47秒4的纪录到1952年被挪威的安德森以16分33秒6的成绩打破，经历了59年的时间，而我国从1955年林振坤创造的19分35秒3的纪录到1963年被王金玉以16分24秒的成绩打破只用了8年时间。这些成绩充分显示了我国体育健儿奋勇拼搏的精神，也是将国外先进技术与我国运动员特点相结合的结果。

20世纪60年代中后期，速滑运动中断了训练和比赛。1972年，我国男、女速滑代表队重新参加世界速滑锦标赛。经过近20年的努力，我国女子速滑运动水平逐渐赶上了世界水平。1990年王秀丽获得世界女子速滑锦标赛1600米项目金牌。1992年我国优秀女子速滑选手叶乔波在第16届冬季奥运会上获得500米、1000米项目两枚银牌，实现了我国冬奥会上奖牌零的突破。1994年叶乔波又在第17届冬奥会上获得1000米速滑铜牌。同年，薛瑞红在瑞士达沃斯世界杯比赛中获得500米项目冠军，并在加拿大卡尔加里短距离世界锦标赛上打破女子短距离全能世界纪录。

目前，我国女子短距离速滑水平在近几年有了一定的突破，保持在世界先进行列，多次获得世界冠军，出现许多优秀速滑选手。2012年1月29日，我国速滑选手于静在加拿大卡尔加里举行的速度滑冰短距离世界锦标赛上，凭借最后一日两个项目的出色发挥后来居上，夺得了女子组总冠军，在500米项目中以36秒94打破了世界纪录成为世界上第一个滑进37秒的女选手。

2022年2月12日晚，我国优秀速度滑冰运动员高亭宇在北京冬奥会速度滑冰男子500米的比赛中以34.32秒破冬奥会纪录的成绩夺得金牌。实现中国男子速度滑冰项目在冬奥会的赛场上金牌"零"的突破。

二、竞技短道速滑发展概述

短道速滑运动项目1981年引进中国。1982年2月在北京首都体育馆举行了第一次全国短道速滑集训比赛。1983年在牡丹江市举行了第一届全国短道速滑锦标赛，共有哈尔滨市、齐齐哈尔市、牡丹江市、佳木斯市、黑河市，吉林省一、二、三、四队，解放军队，内蒙古自治区队，新疆维吾尔自治区队，火车头体协等13支代表队的77名队员参赛。

1987年第6届全国冬运会上，吉林选手李金艳在3000米项目中超女子世界纪录。郭洪茹在1989年世界短道速滑锦标赛上获女子3000米项目金牌。1988年，在加拿大卡尔加里举行的第15届冬季奥林匹克运动会上，短道速滑首次被列为表演项目，李琰获女子1000米项目表演赛冠军，并分别打破了1000米、1500米两项世界纪录。2002年，在美国盐湖城举行的第19届冬季奥林匹克运动会上，杨扬获女子500米、1000米两项冠军，实现了中国在冬奥会金牌"零的突破"。2006年，在意大利都灵举行的第20届冬季奥林匹克运动会上王濛获女子500米项目冠军。2010年，在温哥华举行的第21届冬奥会上，女队表现极为突出，历史上首次包揽女子全部项目的4枚金牌，其中王濛在500米、1000米、3000米接力（王濛、周洋、张会、孙琳琳）三个项目夺取金牌，周洋获得1500米项目冠军。2014年，在俄罗斯索契举办的第22届冬季奥林匹克运动会上，李坚柔让中国队再次蝉联女子500米项目冠军，周洋卫冕1500米项目冠军。2018年，我国在短道速滑全部8个项目中取得1金2银的成绩。其中，武大靖在男子500米项目中力压群雄，从预赛到决赛，先后以39秒800、39秒584刷新世界纪录，改写中国男子冬奥会短道速滑的无金历史，成为中国短道队征战冬奥会首位男子冠军。年仅17岁的小将李靳宇在众多高手中突出重围，以2分25秒703为中国体育代表团再夺一枚银牌，这也是中国短道速滑队在该届冬奥会上的首枚奖牌。武大靖、韩天宇、许宏志、陈德全、任子威在男子5000米接力项目中以6分32秒035的成绩摘得银牌，实现历史突破。

我国参加历届冬季奥林匹克运动会的成绩见表1-1~表1-8。

表1-1　第16届冬奥会（1992年　法国阿尔贝维尔）

名次	项目	姓名
第二名	女子500米	李琰
第八名	女子3000米接力	张艳梅、李长香、王秀兰、李琰

我国当时的训练水平和综合竞技能力可以说已具有了世界先进水平，李琰在500米比赛中努力拼搏，经过4个轮次的激烈争夺，不负众望，夺取了一枚宝贵的银牌。这是我国参加冬季奥林匹克运动会历史上获得的第一枚奖牌，实现了我国在冬季奥林匹克运动会上奖牌"零的突破"。

表1-2 第17届冬奥会（1994年 挪威利勒哈默尔）

成绩	项目	姓名
第二名	女子500米	张艳梅
第四名	女子1000米	张艳梅
第五名	女子1000米	杨阳
第六名	女子500米	王秀兰
第七名	女子500米	杨阳
第七名	男子5000米接力	李连利、李佳军、杨赫、张洪波
第八名	女子3000米接力	张艳梅、杨阳、王秀兰、苏晓华

我国优秀运动员张艳梅经过四年的努力训练，顽强拼搏，获得女子500米项目银牌，并获1000米项目第四名的好成绩，为项目发展作出突出贡献。

表1-3 第18届冬奥会（1998年 日本长野）

名次	项目	姓名
第二名	男子500米	安玉龙
第二名	男子1000米	李佳军
第二名	女子500米	杨阳
第二名	女子1000米	杨阳
第二名	女子3000米接力	杨扬、杨阳、孙丹丹、王春露
第三名	男子5000米接力	李佳军、冯凯、安玉龙、袁野
第八名	女子500米	王春露
第八名	女子1000米	杨扬

安玉龙、李佳军分别获得男子500米和1000米项目的银牌；杨阳获得女

子500米和1000米两枚银牌；杨扬、杨阳、孙丹丹、王春露获得女子3000米接力项目银牌；李佳军、冯凯、安玉龙、袁野获得男子5000米接力项目铜牌。

表1-4　第19届冬奥会（2002年　美国盐湖城）

名次	项目	姓名
第一名	女子500米	杨扬
第一名	女子1000米	杨扬
第二名	男子1500米	李佳军
第二名	女子3000米接力	杨扬、杨阳、孙丹丹、王春露
第三名	女子500米	王春露
第三名	女子1000米	杨阳
第三名	男子5000米接力	李佳军、冯凯、安玉龙、郭伟、李野
第四名	女子1500米	杨扬
第四名	男子500米	冯凯
第七名	男子1500米	郭伟
第八名	男子1000米	李佳军

本届冬奥会，中国选手创造了辉煌历史。来自黑龙江的杨扬在自己的优势项目1500米失利的情况下，克服了心理和各方面的压力，顽强拼搏、敢于超越自我、挑战强手，最终战胜了世界各国强手，勇夺女子500米、1000米两项冠军。实现了我国在冬奥会上金牌"零的突破"。

表1-5　第20届冬奥会（2006年　意大利都灵）

名次	项目	姓名
第一名	女子500米	王濛
第二名	女子1000米	王濛
第三名	女子1000米	杨扬
第三名	女子1500米	王濛

表1-5（续）

名次	项目	姓名
第三名	男子1500米	李佳军
第五名	男子1000米	李野
第五名	男子5000米接力	李佳军、李野、李嵩楠、隋宝库、崔亮

王濛在本届冬奥会上，500，1000，1500米项目分获金、银、铜牌，杨扬获得1000米项目季军；李佳军则在男子1500米项目上获得男队的唯一一枚铜牌。中国队本届比赛出现较多犯规判罚。其中，付天余的女子500米、李野的男子1500米及女子3000接力均是在A组决赛中出现犯规，李嵩楠、李佳军先后在男子500米四分之一决赛、半决赛中遭到判罚。

表1-6　第21届冬奥会（2010年　加拿大温哥华）

名次	项目	姓名
第一名	女子500米	王濛
第一名	女子1000米	王濛
第一名	女子1500米	周洋
第一名	女子3000米接力	王濛、周洋、孙琳琳、张会
第四名	男子5000米接力	韩佳良、刘显伟、马云峰、宋伟龙
第五名	女子500米	周洋
第六名	男子1000米	韩佳良
第六名	男子1500米	梁文豪

本届冬奥会上，女队表现极为突出，历史上首次包揽女子全部项目的4枚金牌。而男子则在近四届比赛中首次无缘奖牌，五名运动员都是第一次参加冬奥会，主将韩佳良受伤病困扰，在500，1000米比赛中没有发挥出最佳状态；男子5000米接力最后一棒时出现失误，丧失机会，获得第四名，这是男队在本届奥运会上获得的最好成绩。

表 1-7　第 22 届冬奥会（2014 年　俄罗斯索契）

名次	项目	姓名
第一名	女子 500 米	李坚柔
第一名	女子 1500 米	周洋
第二名	女子 1000 米	范可新
第二名	男子 500 米	武大靖
第二名	男子 1500 米	韩天宇
第三名	男子 5000 米接力	韩天宇、武大靖、梁文豪、陈德全
第四名	女子 500 米	刘秋宏
第四名	男子 500 米	梁文豪
第四名	男子 1000 米	武大靖
第五名	女子 500 米	范可新
第五名	男子 500 米	韩天宇
第五名	男子 1000 米	韩天宇
第五名	男子 1500 米	陈德全
第七名	女子 3000 米接力	范可新、周洋、刘秋宏、李坚柔

　　在本届冬季奥会上，我国男、女运动员在短道速滑项目中共获得 2 金 3 银 1 铜，共计 6 枚奖牌。其中，周洋在女子 1500 米项目中技压群芳；李坚柔在女子 500 米项目中国队半决赛出现失误的不利条件下，决赛戏剧性地赢得金牌；范可新在周洋放弃 1000 米项目的情况下顶替参赛，并最终获得亚军；女子 3000 米接力项目决赛，中国队战术运用不够熟练，交接时出现问题，导致战术运用失败、被判犯规。男子项目武大靖和韩天宇分别获得 500 米和 1500 米银牌；此外，在男子 5000 米接力比赛中团队配合非常默契，虽然起跑后出现失误摔倒，但队员们并没有放弃，通过奋力追赶，最终获得季军。

表 1-8　第 23 届冬奥会（2018 年　韩国平昌）

名次	项目	姓名
第一名	男子 500 米	武大靖
第二名	女子 1500 米	李靳宇

表1-8（续）

名次	项目	姓名
第二名	男子5000米接力	武大靖、韩天宇、任子威、许宏志、陈德全
第六名	男子500米	任子威
第七名	女子500米	曲春雨
第八名	女子500米	范可新
第八名	女子1500米	周洋
第八名	男子1500米	韩天宇
第九名	女子1500米	韩雨桐
第十名	男子500米	韩天宇
第十二名	女子500米	韩雨桐
第十二名	男子500米	韩天宇
第十八名	男子1000米	武大靖
第十八名	男子1500米	许宏志
第二十一名	男子1500米	武大靖

在本届冬奥会上，中国队在短道速滑全部8个项目中取得1金2银，共计3枚奖牌。其中，武大靖在男子500米项目中力压群雄，从预赛到决赛，先后以39秒800、39秒584刷新世界纪录，最终夺冠，改写中国男子冬奥会短道速滑无金的历史，成为中国短道速滑队征战冬奥会首位男子冠军。周洋在女子1500米半决赛中，因成绩不佳，无缘A组决赛，提前退出冠军争夺。而年仅17岁的小将李靳宇却意外杀进A组决赛，并在众多高手中突出重围，以2分25秒703为中国体育代表团夺得一枚银牌，这也是中国短道速滑队在本届冬奥会上的首枚奖牌。武大靖在赢得短道速滑男子500米项目冠军之后不久，又与队友韩天宇、任子威、许宏志、陈德全走上了5000米接力的赛场，最终，在本届冬奥会短道速滑最后一个小项的比赛中，以6分32秒035的成绩摘得银牌，实现历史突破。女子3000米接力项目，由范可新、周洋、李靳宇、曲春雨组成的接力队在决赛中以第二名冲过终点线，但是被判犯规，遗憾没有拿到奖牌。

表1-9　第24届冬奥会（2022年　中国北京）

名次	项目	姓名
第一名	男子1000米	任子威
第一名	混合团体接力	武大靖、任子威、范可欣曲春雨、张雨婷
第二名	男子1000米	李文龙
第三名	女子3000米接力	范可欣、曲春雨、张楚桐、张雨婷、韩雨桐
第四名	男子1000米	武大靖
第四名	男子500米	武大靖
第四名	女子500米	张雨婷
第五名	男子5000米接力	武大靖、任子威、李文龙、孙龙
第七名	女子1500米	韩雨桐

　　2022年北京冬奥会，我国短道速滑共获得2金1银1铜。武大靖、任子威、范可欣、曲春雨和张雨婷获得了混合团体接力金牌，这也是中国代表团在本届冬奥会上的首金。在男子1000米的比赛中，任子威和李文龙包揽了冠亚军。女子3000米接力比赛中，范可欣、曲春雨、韩雨桐和张雨婷获得了铜牌。

第五节　国外滑冰教学理论发展

一、滑冰教学理论的萌芽时期

　　据历史学者和考古学者的研究考证，人类滑冰的历史晚于滑雪的历史。如果说滑雪是远古时期的产物，那么滑冰则诞生在中世纪。滑冰产生的原因：一种意见认为滑冰产生源于心理需要，另一种意见认为由滑冰雪自然产生，进而过渡到借助工具。最早的工具是动物如山羊角马的骨骼等，后来发展为木制或铁木结合。早在10世纪，就有了将动物骨头绑在脚上，在冰雪面上快速移动的记载。这个时期的滑冰教学是从训练开始的。当时围猎是人们主要的谋生手段，在北方寒冷地带，人们感兴趣的是用骨制冰刀绑在脚上，用撑杖快速在冰雪上移动的技术，因此，青年们必须接受用骨制冰刀滑冰雪方面的训练，当时的滑冰教学是由有滑冰雪技术的成人传授。当然地域不同、历史时代不同，滑冰教学的内容、形式均有差异。在滑冰教学理论的萌芽时期，滑冰教学思想记载很少，尽管如此，萌芽状态的教学思想仍然是滑冰教学理论进化中的历史基础。

二、国外近代滑冰理论的发展

17世纪是欧洲从封建社会开始向资本主义社会过渡的时期。捷克著名教育家夸美纽斯认为，身体是灵魂的住所，一旦住所坏了，灵魂便立刻离开了这个世界。身体患病了，精神也会患病，所以，身体要免于疾病和死亡，就要尽量注意身体，以便健全的精神寓于健全的身体。他提出了养生之道的若干原则，就是：有规律地节制生活，尤其是适度的饮食；体育运动；必要的睡眠和休息。

滑冰教学理论就是在这种社会背景下诞生的。1772年，第一本滑冰教学理论书《论滑冰》在英国伦敦出版，作者是皇家炮兵中尉罗伯特·约翰逊。书中介绍了当时人们所知的花样滑冰技法。从18世纪初开始，滑冰爱好者大约用了近一百年的时间，才基本上编制出当时几乎所有的规定图形及其完成主要技术的教学方法。此后，伦敦市滑冰俱乐部主席安得森出版了《花样滑冰技巧》等著作。可以说没有这些基础研究，就不可能有今天的滑冰教学理论。

三、现代速滑教学理论的发展

随着科学技术的发展，心理学、生理学、社会学等学科逐渐兴起，这些学科的知识和研究方法，对后来速滑教学理论的发展起了巨大的推动作用。俄国的彼得·列斯加伏特（1837—1909），从体育社会作用角度对体育进行了研究，他在《学龄儿童体育教学指南》中对体育教学理论做了阐述。其论点有：

（1）体育体系应为生理规律制约。

（2）体育是造就协调发展人的重要手段，只有这样的人才能提高生产率。

（3）协调发展的基础是人的体力和智力的统一，并受意识的主导作用来实现的。

（4）体育教学的实质是传授历史过程中的教育素材。

（5）体育发挥的是教育规律的功能。在教学过程中应当极其注意循序渐进、持之以恒、年龄特点和顺序原则。

高尔霍费尔（1885—1941，奥地利人）吸收了19世纪以来的教育成果，为体育教学改革拟订了三条原则：① 学生自己活动；② 教材内容乡土化；③ 体育课一次搭配不同的教材。他确定了体育课的结构为三部分，即引序部分、基本部分和结束部分。

20世纪以来，生产力的提高、文化教育的发展，促进了教育家去探索新的教育与教学理论。新教育的倡导者都在本国创办新型学校，重视实用知识传授和实际技能的训练，在教育教学领域进行改革。在体育教育方面，最早提出体育教学法的是瑞典的体育教师斯卡斯特罗姆，他在1914年出版了《体育教学法》。美国哥伦比亚大学威廉姆斯博士1927年著的《体育教学法》则是这个时期体育教学理论的代表。其主要论点基于美国教育家杜威（1859—1952）的实用主义教育哲学的"自然体育"的思想和方法。"自然体育"思想强调：体育即生活，体育教育要适应人的生理及心理本性等，使学生现实生活丰富、愉快、满足。这一理论成为19世纪20—40年代体育教学的主导思想。在这种思想指导下，滑冰作为体育课的一个项目走进了大学课外活动中，当时的滑冰教学从理论角度来说，仅仅是花样滑冰的教学理论和速度滑冰项目规则的介绍，还未形成真正意义上的滑冰理论。

20世纪40年代，马克思主义教学理论诞生，使滑冰教学理论发生了一次革命性的飞跃。苏联教育家凯洛夫（1893—1978）于1939年出版了《教育学》，其理论建立在马克思主义哲学的基础上，以培养全面发展的新人说为基本原理，逐渐形成了苏联教育教学理论体系。凯洛夫在《教育学》中对教学的基本理论进行了全面阐述，从教学指导思想到对教学原则、教学过程的剖析，都极大地影响着滑冰教学理论的构成。其中比较有代表性的是依·格·

凯利舍夫主编的《苏联体育教育理论》等。苏联速滑理论的特点表现为：① 有了速滑教学基本形式；② 突出教师在速滑教学中的主导地位，强调课堂教学中速滑知识和技术的传授；③ 提供了速滑教学原则和教学方法，介绍了滑冰课的结构；④ 学生成为滑冰课的教学和教育对象。

这个时期出现了两种滑冰教学理论，即美国的实用主义和苏联的社会主义教学理论。这个时期国外滑冰教学理论的研究，不断从社会科学、生理科学、心理科学等相关学科吸取新的研究成果，促进了滑冰理论的不断完善和发展。

第六节 我国滑冰教学理论的发展

一、中国近代滑冰教学理论的考察

1. 资产阶级改良派的体育教育思想使滑冰项目走进体操课堂，并成为课外体育活动

康有为（1858—1927），近代资产阶级改良主义教育家，其体育教育思想集中表现在其著作《大同书》中。他主张：① 各级学校都要注意卫生，实施近代体育并为其创造物质条件。② 少年儿童的身体强弱关系到终身健康，儿童阶段应把体育放在第一位。

梁启超（1873—1929）提出：德育、智育、体育三者，为教育缺一不可之物。

1881年北洋陆军学堂和水师学堂将滑冰纳入操法科（课）。19世纪90年代，现代滑冰运动逐渐进入京津各学校的课堂。改良派的体育教育思想与理论在当时对我国滑冰教学理论的发展起到了有益启蒙作用。

2. 新文化运动中先进人物的体育教育思想使滑冰正式成为体育课教学内容

五四运动时期，一些进步的体育思想理论对我国滑冰教学产生深刻影响。

蔡元培（1868—1940）把体育作为学校教育中的重要内容来对待。

1917年4月，毛泽东发表了《体育之研究》，针对当时中华民族体质衰弱的现状，提出体育的真义。文章强调指出：体育的目的，不仅在于养生，还在于卫国。体育的效用在于强筋骨、增知识、调感情、壮意志。文章阐述了体育与智育、德育的辩证关系，提出"德智皆寄于体，无体是无德智也"的观点。《体育之研究》发展和丰富了我国的体育理论，代表了当时先进的体育思想与主张。

这时期的进步体育思想和主张的还有恽代英的《学校体育之研究》（1917年6月），文章明确指出："学生不但使之强健，且应使之知所所强健之理；不但使之健康，且应使之知所以保健康之法。"强调："学校之所谓体育，应对各学生，无论其体质强弱，平均加以注意。"他还具体提出了学校体育改革措施，如：讲授生理卫生学，对学生经常进行体格检查，增加体育锻炼时间，注意运动安全等。

滑冰课就是在这种体育思想指导下正式走进了学校体育课堂。

1921年，为推行学校教育改革，学校将体操科（课）改为体育科（课），并扩大体育教学内容，废除兵操，代之以田径、球类、体操和滑冰，从而推动了华北地区冰上运动在学校中的开展。京津地区一些学校，如燕京大学、北平大学、辅仁大学、北平税务专科学校、天津南开中学、北洋大学、北洋水师大学，相继利用校内或附近池塘、水门厅开设冰场，上滑冰课。1925年溜冰在华北各学校已成为冬季最时髦的运动。

3. 美国自然体育对中国滑冰理论的影响，造成了滑冰课"放羊式"教学的结果

当时对滑冰教学理论的认识是笼统的、肤浅的，更算不上研究，因此，这时滑冰教学理论思想传播和影响都很有限。

19世纪后半叶，由于国门被打开，美国等侵略国家的教学思想和教学理论通过各种途径传入中国。1919年以后，美国教育学家杜威、麦柯尔等人相继来华讲学，自然体育思想被介绍到中国，之后逐渐成为影响我国体育教学的重要理论之一。自然体育思想和实用主义教育学说在本质上是一样的，它

们主张：教育和体育的目的都在于培养人，教育与体育即生活，主张以儿童为中心，强调"个性自由发展"。

含有滑冰内容的教科书和体育游戏书就是在这种背景下产生的。如1933年吴温瑞编著了《体育建筑与设备》（勤奋书局），1940年方万邦编著了简易师范学校教科书《体育》（上海商务印书馆），1940年，崔玉纷编著了《体育教材大全》（天津利生体育用品公司），1949年吴跃麟编著了《户外游戏》（商务印书馆）。从这些书可以看出，中国北方体育界教育人士在向西方先进体育理论学习过程中，在积极地为中国滑冰教学理论的发展进行探索。

二、我国当代滑冰教学理论

新中国成立以后，我国体育教学理论批判并全盘否定了美国的自然体育思想，在学习苏联体育教育理论的基础上初步形成中国特色速滑教学理论体系。改革开放以来，我国速滑教学理论体系呈现出了中西合璧的新模式。

（一）引进学习阶段（1949—1957年）

新中国成立后，党和政府十分关心人民的身体健康，毛泽东曾两次提出"健康第一"。1951年政务院公布《关于改善各级学校健康状况的决定》，指出："增进学生的身体健康，乃是保证学生完成学习任务，并培养出强健体魄的现代青年的重大任务之一。"鉴于当时我国选择了苏联治国模式，在各个领域包括体育系统也迅速引进、学习苏联的体育教学理论，有组织地翻译、介绍苏联体育教育理论和滑冰教学理论教科书、专著，聘请苏联体育教育和速滑专家来华讲学，使得苏联的速滑教学理论在我国北方得到广泛传播和推广。

苏联体育教学理论和速滑教学理论，对新中国的速滑教学理论的形成影响很深。

（1）以凯洛夫教育理论为学科体系基础，其中心思想是在速滑教学中以传授知识、培养道德品质为目的，强调教师、课堂、教材三中心。重视课堂教学，重视教学计划大纲和教材，速滑教学理论依据教学原则、内容、方法和组织等，形成了一个较系统的体系。

（2）强调体育教学的社会教育作用，通过体育进行思想品德教育。

（3）突出教师在体育教学过程中的主导地位，提出在速滑知识和技能传授过程中，发展学生的运动素质。

由此可见，苏联把增强体质视为掌握速滑技术、技能的必然结果。

这个时期引进苏联的体育教育制度，使我国速滑理论有了一定的进步，出现学校滑冰教学中单一学习速滑技术教学模式。

（二）开始探索阶段（1958—1965年）

1955年，我国开始派留学生到苏联学习速滑教育理论。1958年哈尔滨体育学院成立，建立我国第一个冰雪教研室，从此我国速滑教学才步入正规探索阶段。1961年哈尔滨体育学院冰雪教研室第一次编写了《速度滑冰讲义》，该讲义是学习苏联速滑教学理论与我国速滑教学实际情况相结合的结果。例如，在速滑教学理论研究内容方面有一定见解，在指导思想上能够贴近我国当时滑冰教学的实际情况，并且汇集了国内体育教学实践中总结出的教学经验，但在速滑教学理论上还不完善。

（三）受挫停滞阶段（1966—1978年）

在该阶段，大多数学校速滑课被取消，教学研究停顿下来，严重影响我国刚刚形成的速滑教学理论发展。

（四）改革开放后速滑教学理论的新发展（1979年至今）

改革开放后，我国速滑教学理论历经恢复重建、开放引进、综合创新而走向新生。随着与国际交流增多，速滑教师开阔了研究的视野，各种类型的速滑教学实验蓬勃开展。对速滑教学本质、目标、规律的探求，速滑教学专题论文的发表，速滑教材、专著的先后出版，标志着我国速滑教学理论研究向中国化的方向发展。

三、我国速滑教学理论发展的趋势

（一）速滑教学思想的科学化

科学化的核心是按速滑教学规律办事，用科学的速滑理论指导速滑教学实践。

我国体育教育长期受自然体育、功能体育的影响，追求个性生物学效果，速滑教学科学化程度较低。经过几十年的探索和改革，速滑教学思想已从这种单一的教学思想发展到多种生物的、心理的和社会的三维体育观。

（二）在速滑教学中完成教养、发展、教育的职能

速滑教学的教养职能表现为学生掌握一定速滑基础知识与技能，增强体育文化素养。

速滑教学的发展职能除了表现为增强学生体质、提高各项能力，还应有效发展学生智力、情感、心态及观察、思维和创新能力。

速滑教学的教育职能体现在寓思想品德教育于速滑课的教育教学过程之中。

重视速滑教学过程中的信息反馈，体现"以教师为主导学生为主体"的教学指导思想。发挥教师主导作用，体现其教学风格，才能发挥教师的能力。教师的教是以学生的学为转移，从而形成学生的主体地位。速滑教学最优化取决于教学内外因素最佳配合。

（三）速滑教学目标日趋综合化

现代速滑教学更加注意增强学生体质，让学生全面发展，即不仅掌握"三基"（基础知识、基本技能和基本技术），强健学生体魄，而且要让学生具备较高的智力和创造能力、健全的个性及良好的品德。让学生全面和谐发展，成为当今速滑教学的主要任务和目标。

（四）速滑教学方法手段整体最优化

滑冰中的各种教学方法的合理组合、正确运用，是实现速滑教学质量最优化的重要条件。传统的速滑教学比较重视教师讲解示范，强调课堂的组织严谨，而学生则被动去模仿学习，速滑课教学质量难以提高。速滑专家、学者、体育教师在继承传统教学方式的同时，不断借鉴国外先进的教学方法，进行创新和发展，使速滑教学方法达到最优化。

（1）改革速滑教学方法的主导思路，运用启发式教学法。速滑教学方法不仅是传授速滑基本知识、技术和技能的手段，而且也是培养学生主动学习和终身运用滑冰锻炼身体并形成良好习惯的重要途径。在这种思想指导下，提倡师生之间、学生之间的合作，这种合作增强了教师与学生的沟通和交流。如1＋1初学者滑冰教学法，通过师生、学生之间互相合作加上学生互相学习、互相帮助，教师针对问题进行指导，既改善了教学方法，又提高了速滑教学质量。

（2）教学方法择优，从教学效果出发着眼选择多种冰刀混用教学方法作为最佳组合方案。针对目前部分北方高校老师使用多种冰刀上滑冰课的现象，要想达到理想的教学效果，使用一种冰刀（如速滑刀）的教学方法是比较单一的，所以教师应以启发式教学为指导，综合运用多种冰刀多种教学方法组合成一种新的教学方法，来发挥滑冰教学方法的整体优化功能，促进学生的全面发展，为终身进行冰上锻炼服务。

（五）速滑教学模式多样化

速滑教学模式，是在一定的教学思想指导下，围绕着教学活动的某一目标，形成的相对的、系统的和理论化的教学形式。它能起到有效地达到既定教学目的的作用。速滑教学模式在我国开展研究的时间较短，对它的认识还不够深刻，但对于速滑教学模式在速滑教学中的积极意义却已形成共识。

（1）速滑教学模式是联系速滑教学理论与实践的有效途径。它既有理论性，又有操作性，为师生提供成套的教学方式和策略，使教师明确如何进行教学，成为师生双边教学活动的指导。这为我国速滑教学理论与实践的结合、丰富和拓展速滑教学理论的研究有深刻意义。

（2）速滑教学模式日益凸显学生在滑冰教学中的地位，发挥学生主体作用。现代体育教学模式重视学生自我学习、掌握学习方法，把教师的讲解、示范、引导与学生观察、讨论、练习有机结合起来，为发挥学生主动性创造条件。例如，分层次速滑教学模式、速滑入门技巧模式、多种冰刀混用组合教学模式等。

（3）速滑教学模式向多样化和多种模式并存的方向发展。滑冰教学模式是一种实践框架。随着体育教学改革的深入发展，既要广泛地吸收国内外先进的体育教学模式，又要不断创造和实践新的速滑教学模式，速滑教学模式开始多样化。

（六）速滑教学手段的现代化

随着科学技术的飞速发展，人们已逐步认识到先进教学手段对传递和沟通信息、调控教学、加强教师指导效果、提高速滑教学质量有着特殊作用。

（1）滑冰教学场馆与设施的现代化。如室内教学滑冰馆、健身房、轮滑场地的建设、健身器材的配备及电子测控手段的应用等。

（2）视听技术的应用。电视、录像、音响、计算机、多媒体等光电设备的采用，都有效激发了学生兴趣、提高了信息接收效果，有利于控制教学过程，有效地提高滑冰教学的质量。

（七）速滑教学评价标准化

速滑教学评价标准化的意义：

（1）关系到速滑教学质量的提高及青少年学生身体健康。

（2）关系到体育教师教学水平和综合素质的提高，促进速滑教学改革的发展。

（3）关系到速滑教学教育功能和管理功能的提高。

（4）建立适合中国国情的速滑教学评价体系一方面要加强速滑教学评价

体系理论研究，另一方面要结合研究开展速滑教学评价改革实验研究，在借鉴国内外先进教学评价有益经验的同时，创造出具有中国特色的速滑教学评价理论体系。

章节思考题

1. 速滑运动由哪些项目组成？

2. 速度滑冰运动短距离和长距离项目分别是哪几项？

3. 我国短道速滑运动在哪一年开展？第一次全国比赛是哪一年、在哪个城市举办的？

第二章 速滑运动规律与技术原理

第一节 速度滑冰与短道速滑运动规律

第一节 速度滑冰与短道速滑运动规律

一、物体的普遍运动规律决定速滑规律

先看一些重心相对不动而支点（质点）相对重心移动的例子。

（1）太阳和地球，太阳相对不动，地球围绕太阳转。

（2）自行车轮子中轴与地面着地支撑点，是轮轴中心相对车体不动，而支点不断在改变。

（3）人在行走时，身体重心和脚的关系是身体重心相对不动，脚由后向前移动支撑身体的稳定移动。

图2-1 典型重心与支点（一）

图2-2　典型重心与支点（二）

基于上述三个科学实例的支撑可以推出速滑运动也是如此，即重心相对前进方向，不发生左右和上下移动（即保持重心稳定性），而支点做左右移动，即采用与前进方向45°做纵向侧蹬冰（见图2-1，图2-2）。

二、速滑冰刀决定支点特殊运动形式

（一）侧蹬冰

速滑冰刀支撑面窄长，只有沿身体轴线做纵向侧蹬冰才能保证身体重心有良好的支撑面，使重心稳定（即相对不动）而支点移动，推着重心前行，保证重心平衡移动。其特殊运动形式是侧蹬冰。

当今速滑技术正是由于遵守了保持重心稳定移动，做纵向侧蹬冰的运动规律，借助新型冰刀的"翅膀"使速滑运动飞向新的高度。

（二）滑跑的周期划分

速度滑冰是周期性运动，为清楚地分析滑跑技术动作，让人们了解滑跑技术动作技术结构，通常一个直道动作周期由一个复步、2个单步组成。它是按4个时期、6个阶段、12个动作来划分构成一个运动周期。

1.滑步组成结构

滑步是速滑运动动作周期的基本单位，一个复步包括两个滑步（两个单步）。一个滑步就是运动员的一个基本动作，它包括自由滑进和蹬冰滑进两个时期。为了保持最佳速度的滑行，除了两腿动作外，还有两臂做摆动来保持身体在滑跑时的稳定平衡。因此，滑步结构包括保证运动员达到最佳速度，两腿和两臂协调一致的配合动作。

2.滑步各阶段的划分——分界姿势的确定

滑步阶段是在一个滑步时间内划分出来的一部分时间中的动作。它表示动作时间因素，包括动作在一段时间内，在动作性质上发生重大变化的一部分身体动作。在每一段时间内的动作都有开始和结束，即每个阶段动作的起止。阶段动作起止就是阶段分界线，对应的姿势被称为分界姿势。从连贯的滑步动作阶段可以看出，前一阶段的结束姿势也就是后一个阶段的开始姿势。分界姿势具有重要意义，它可以使我们准确地确定滑步结构，从而准确判断运动时在实际滑跑中每一滑步前一阶段动作完成的情况，以及对下一阶段可能完成的预期。

3.滑跑的动力学

滑跑是多种力相互作用的结果，它是人体和支撑体（冰面）相互作用保持平衡状况下，以人体的部位运动内力相互作用，产生了人体的位移。通常用生物力学系统作为剖析滑步技术的理论依据。

三、影响人体滑跑时的力

滑跑时人体受外界物体施于人体的一种力，称为外力。同时又受到人体内各部位相互作用而产生的一种力，称为内力。

在滑跑中作用于人体的主要外力有重力、支撑反作用力、摩擦力和空气阻力等。由于速滑运动不是匀速直线运动，根据牛顿力学原理，这些外力能改变人体的运动状态。

1.重力

人体在冰上站立或运动，身体的重心轨迹完全与冰面平行并且与运动方向完全一致时，重力垂直于冰面，重力不能在身体运动方向上分解出任何动力，这时重力对于运动不起作用。

速滑动作主要是由单支撑滑进和双支撑滑进组成。在双支撑滑进结束，即蹬冰脚一离开冰面，身体单支撑滑进时，重力作用使身体重心垂直向下移动，借助于支撑腿的肌肉紧张，能减少重心下降的幅度。如果蹬冰方向（向下）和蹬冰时间（过早）掌握不好，会使身体重心垂直移动幅度加大。这样，重力通过加大摩擦力的形式表现出来，对运动起阻碍作用。因此，在滑行中应把握好自身重心轨迹的平稳性，避免重心垂直移动，这样，可以减少重力的不利作用和身体的能量消耗。

在速滑运动中，由于双脚交替蹬冰，支撑点在体侧（身体重心投影在支点侧面），重力通过支撑以作用力的形式体现出来，可以加大蹬冰力量，因此，要加大身体重心侧向移动，合理利用体重蹬冰，增强蹬冰效果。

2. 支撑反作用力

速滑运动通过冰刀作用给冰面的压力所产生的反作用力，称为支撑反作用力。这个力与运动员自身的重力和蹬冰刀的合力大小相等，方向相反。速滑运动员在滑跑过程中，就是通过冰刀作用给冰面一个力而形成支撑反作用力，来推进身体前进或维持身体平衡。运动员处于静止状态时，加在冰面支点的压力等于自身的重力。运动员在滑进时反作用力就大于他的重力。这个力是由于肌肉收缩的力量所引起的内力，单一的蹬冰动力是不存在的。要改变蹬冰时身体重心的移动速度，只有在支撑反作用力的条件下，即冰刀作用于冰面时产生反作用力的情况下，才有可能使肌肉力量成为运动员提高速度、增加身体运动的动力源泉。

蹬冰力的大小取决于肌肉快速收缩的能力，以及身体各部位协调配合的能力。在蹬冰腿逐渐伸展过程中，身体重心的移动速度不断加大，并且在蹬冰接近结束时达到最高速度，这样蹬冰才是最有效的。

为了有效地利用蹬冰力量，必须避免身体重心的垂直移动（即产生垂直分力），这就要求掌握好蹬冰方向和合适的蹬冰角。运动员在蹬冰过程中产生的力可以按力的平行四边形法则分解为两个分力：一个是垂直方向的分力，这个分力与运动员的重力相等，方向相反；另一个是水平方向的分力，这个分力会使运动员的身体产生前进的速度。当蹬冰角缩小时，运动员在蹬冰过程中产生的水平分力增大，垂直分力减小。

运动员蹬冰时，冰面给运动员身体的反作用力与蹬冰力大小相等，方向相反。根据动量定理：

$$v = Ft/m$$

式中，v——速度；F——蹬冰力；t——蹬冰时间；m——身体质量。

运动员的滑跑速度取决于蹬冰时间。但是蹬冰力量和蹬冰时间不能同时增大；蹬冰时间越短，蹬冰力量越大，速度越快。因此，在滑跑过程中要求运动员提高肌肉快速收缩伸展的能力。此外，当运动员在滑跑的过程中，起推动作用的蹬冰力量的大小还取决于蹬冰角，蹬冰角越小，推动运动员前进的有效水平分力就越大，当然有效的蹬冰角有一定的范围。

3. 摩擦力

摩擦力是指人体滑跑时冰面与冰刀所需要的一种外力。冰刀刃切入冰面产生横向摩擦力可保证支点单面的支撑，冰刀弧度又减少了向前滑进的纵向阻力。通常冰刀与冰面的摩擦系数为 0.03 ~ 0.07（钢与冰的摩擦系数是0.027）。滑动摩擦力的大小取决于冰刀和冰面的摩擦系数以及正压力的大小。滑动摩擦力在运动员滑进过程中起着阻碍人体运动、减慢速度的作用，属于制动力。滑动摩擦力的公式：

$$F = \mu N$$

式中，F——滑动摩擦力；μ——摩擦系数；N——正压力。

冰在标准大气压力下，在0℃开始融化。如果对冰的压力增大，冰在0℃以下也可以融化。滑冰时人体重力通过冰刀完全压在冰刃与冰面接触的很小的面积上，使接触刀刃的冰面承受巨大的压强，冰刀与冰面摩擦产生热量，冰在0℃以下开始融化而产生水膜，水膜起到了润滑作用，减小了滑动摩擦系数（使滑动摩擦系数达到0.007 ~ 0.017），从而有利于滑行，如果冰质过硬就不会产生这样的现象，当然温度过高也不好。因此，气温条件和冰质的软硬程度对运动员的成绩都会有一定的影响。

4. 空气阻力

滑冰时，空气对人体的作用力称为空气阻力。

在快速滑冰时，多数情况下人体受到的空气作用起着阻碍作用，是一种制动力，使前进速度下降。滑行时的空气阻力是以迎面阻力的大小来计算的。这是因为滑跑时，身体迎面的空气变得密集而身后的空气变得稀薄，因而形成身体前后的压力差，产生了形态阻力。

空气阻力（F）的公式：

$$F = CS\rho v^2$$

式中，C——迎面阻力系数；S——身体正截面积；ρ——空气的密度（1.293克/米^3）；v——运动速度。

迎面阻力系数取决于身体的形态（流线型）以及服装的材质。服装表面的光滑度越高，空气阻力系数就越小。因此速滑运动发达的国家都在不断进行速滑服装的形态和质地的研究。

采用较低的、合理的滑跑姿势滑冰（近似于前后摆动的窄摆臂），蹬冰结束后脚迅速收到后位。这些方法都能缩小身体的正截面积，减小空气阻力。

空气密度取决于大气压和空气温度。大气压越小和空气温度越低，空气就越稀薄。海拔增高，大气压减小，空气密度相对降低。在密度相对减小的空气中滑跑能减少空气阻力，提高滑跑速度。海平面的平均大气压是 1.013×10^5Pa，海拔 1300~1800 米的高山冰场大气压为 0.813×10^5Pa。在高山、半高山冰场滑跑成绩要优于平原冰场。实践表明，海拔每升高 100 米时，500 米滑跑成绩约提高 0.1 秒。

空气阻力与滑跑速度的平方成正比。滑跑速度每增加 2 倍，空气阻力相应地增加 4 倍。当滑跑速度越快时，越应该通过调整滑跑姿势，尽量减小空气阻力。在顺风条件下滑跑时，稍抬高上体姿势，可使身体获得额外的推进力。

四、人体内力

人体各部分之间相互作用所产生的力称为人体内力。人体内力主要是指肌肉收缩产生的拉力，是运动员在滑进过程中的主要动力。它来源于两腿的交替蹬冰动作。蹬冰是由下肢肌肉的收缩和伸展来完成的，这种肌肉活动产生的力就是内力。运动员在滑进过程中，下肢既有做静力支撑的过程，又有做蹬冰动作的过程，两腿是交替进行的。当运动员在自由滑进阶段，支撑腿肌肉保持相对静止的状态；当运动员的支撑腿由自由滑进阶段迅速过渡到蹬冰阶段时，下肢肌肉充分伸展（通过伸展髋、膝、踝三个关节），运用杠杆原理，将这种力作用于冰刀，通过冰刀作用给冰面，在冰面上产生一个反作用力。这个反作用力就是由肌肉力量（内力）引起的外力。

根据万有引力定律，地球上的一切物体都受到地球引力的作用。身体也同样受到地球引力的作用。速度滑冰就是以身体各部位平衡重力的合力作用于身体总重心上，蹬冰时支撑腿肌肉收缩用力，用冰刀蹬离冰面使身体向前位移克服重力的结果，此时重力起着阻力作用，双支撑蹬冰使身体重心不稳定是动力作用。这时的重力作用使冰刀后部着冰出现缓冲，支持腿的肌肉做退让性工作，为下次蹬冰提供了必要条件。

支撑的作用力是滑跑时必需的外界条件，属于外力。支撑反作用力与蹬冰时的作用力大小相等，方向相反，且在一条直线上。支撑反作用力不是滑跑时的动力，不能引起加速运动，但它是人体滑跑时支撑物，没有它，滑跑动作不能实现。因为在滑跑时它起保持身体稳定平衡的作用。

介质阻力是指在滑跑中的空气阻力，因此在速滑比赛中可以充分利用风向进行战术变换。

向心力是指在弯道滑跑时，身体向转动中心倾斜，以获得一定的向心力，它可保证人体在转弯时身体重心的稳定性。

五、滑跑的运动学

速度滑冰是一项周期性运动，它的基本动作是两腿轮流蹬冰滑进和自由滑进组成的循环动作。每个运动周期就是一个复步，它包括两个滑步（两个单步），每个滑步中又包括单腿支撑时期和双腿支撑时期。运动员在完成一系列动作后又回到原来的姿势，两腿的动作始终是交替重复进行的。技术动作的一个周期由 4 个时期、6 个阶段、12 个动作构成，即单脚支撑、双脚支撑、单脚支撑、双脚支撑 4 个时期，每条腿的动作可以划分为自由滑进、单脚支撑蹬冰、双脚支撑蹬冰、收腿、摆腿和下刀6个阶段，在一个动作周期内两条腿的12个动作交替出现。

（一）滑步长度

滑步长度是指沿着滑跑方向，运动员的一支冰刀在冰上留下痕迹的垂直滑跑距离（见图2-3中S）。

滑步长度是表示运动时大步滑跑时发挥自己能力的标志。同时它也标志着运动员滑跑直线性所达到的程度。确切地说滑步的长度是指朝着滑跑方向上，以一支冰刀离开的那一点，到另一只冰刀离开冰的那一点之间距离。

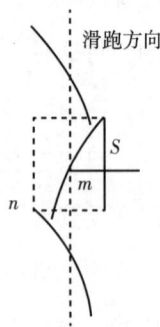

图2-3　滑步长度、滑步宽度、箭步长度

（二）滑步宽度

滑步的宽度是指垂直于滑跑方向冰刀留在冰上的两条痕迹间的垂直距离长度。决定滑步宽度的因素有滑步长度、冰刀的外扭角度，以及这个角度在整个滑步中的变化（即刀痕迹形状）情况。滑步宽度表明运动员滑步直线性程度，步子过于宽大，会扩大身体重心轨迹横向位移，造成运动员消耗多余的能量，加长了滑跑距离，滑跑速度也相对受到影响。因此，要想滑跑直线性强，必须保持适宜的滑步宽度（见图2-3中m）。

（三）箭步长度

箭步长度是指蹬冰腿结束蹬冰的一瞬间两刀间前后距离（见图2-3中n）。箭步是保持身体稳定姿势最佳时机。

（四）滑步的时间

滑步的时间是指一个滑步中完成动作所需要的时间。不同滑跑距离和不同速度下，滑步的时间是不一样的。优秀运动员短距离平均时间为0.53秒，中距离为0.62秒，长距离为0.72秒。

（五）滑跑速率（频率）

滑跑速率是指在单位时间内重复动作的次数。

从优秀运动员滑跑速率中可以看出，速率越大，其速度也越快。但这不意味着步频的任意增加，会有助于速度的提高。只有在滑步速率增加的同时，不改变滑跑方向和滑步长度，才能使滑跑速度得以提高。

（六）滑步节奏

滑步节奏是指在滑行过程中的各部分动作强弱和其时间间隔关系。滑步动作的快慢，蹬冰用力的强弱，时间的长短，肌肉紧张与放松，以及身体、腿与臂的相互配合等方面的间隔与交替，是形成动作节奏的基本条件。蹬冰滑进和自由滑进是滑步节奏的基本组成，无论快滑或慢滑，都按这个顺序进行。按这样的节奏滑跑全程，会使运动员身体运动协调一致，同时使身体各部分肌肉紧张与放松、工作与休息合理交替，使运动员滑跑动作协调省力，更加准确。

第二节　速度滑冰与短道速滑的技术原理 ——摆线原理

速度滑冰中运动员滑行速度并不仅仅通过蹬冰力的增加来提高，同时还要靠缩短蹬冰时间来提高滑行速度。新型冰刀就具有这种特点，即大步滑跑的距离长，滑跑的时间却缩短了。经过人们多年对速滑理论与实践研究发现，速滑运动的飞速发展，是由于人们不自觉地利用摆线原理促进运动员的身体重力加速度最佳利用的结果。那么，什么是摆线原理，它同速滑运动技术又有什么联系呢？

一、钟摆动作与速滑技术

20世纪50年代，速滑钟摆动作一词就出现在苏联索科洛1952年所著的《速度滑冰》教科书中，60年代中国著名速滑教练孙显墀也采用了这一名词，70年代日本前岛孝文章中也有记载。那么什么是钟摆动作？速滑运动员的收腿如同钟摆的动作，今天人们称为横向钟摆动作。80年代初，人们在研究收腿时发现了横向钟摆动作（见图2-4）、纵向钟摆动作（见图2-5）两种钟摆式收腿动作。

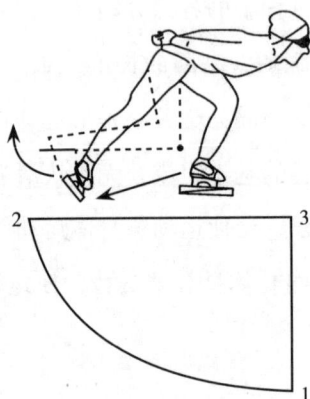

图2-4 横向钟摆动作

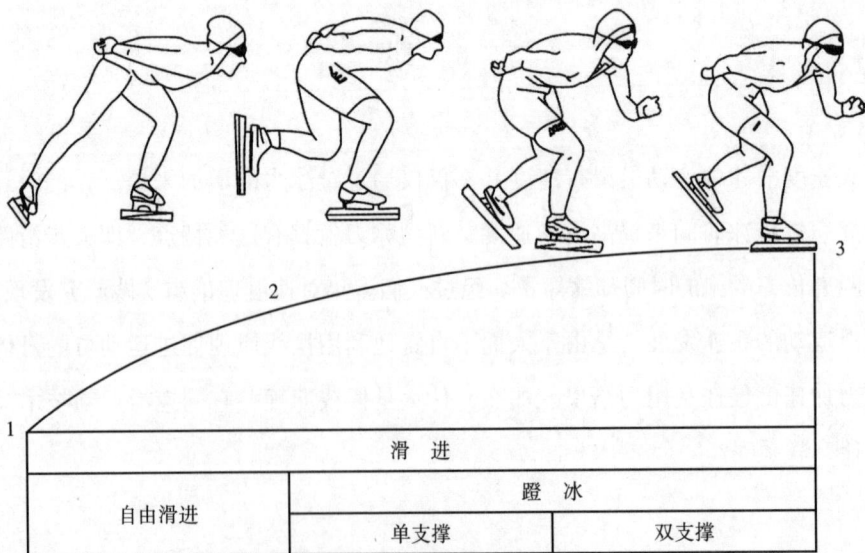

图2-5 纵向钟摆动作

二、运用摆线原理解释速滑技术

意大利物理学家伽利略（1564—1642）年轻时看到教堂里挂灯左右摆动受到启发，第一个提出摆动来回一次的时间相等。后来人们利用吊摆摆动的等时性，通过机械的传动，来控制时针，做成了钟摆用来计算时间。摆钟在使用时出现了问题：钟摆在摆动过程中，受到空气、温度等影响，造成摆动振幅有时候大一点，钟就走得慢一点；有时候振幅小一点，钟就走得快一点。对钟摆产生的这种误差，人们束手无策。后来这个问题被荷兰学者惠更斯圆满地解决了。惠更斯根据图 2-6 旋轮线使钟摆摆动一次的时间固定不变，这样不管摆钟摆动振幅的大小，来回摆动一次的时间总是相等的。人们就把旋轮线叫作"等时线"或"摆线"。

图 2-6　钟摆原理

旋轮线又是什么呢？我们都很熟悉车轮滚动的情况。如果我们在自行车圆轮外带边缘上用红笔点上一点 P，车轮沿直线向前滚动，红点 P 旋转出来的曲线叫作旋轮线。旋轮线的形状是一拱一拱的（见图 2-7），这条一拱一拱的曲线也叫摆线。

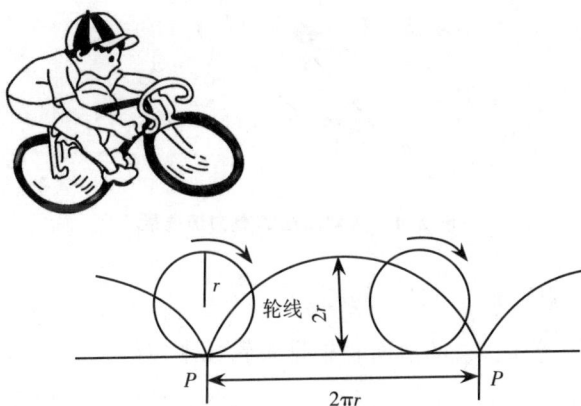

图 2-7　旋轮线

奇怪的滑梯：儿童公园里有一架直滑梯（见图 2-8），这架滑梯旁边，新近又多了一架弯曲的滑梯，一旁还立了一块牌子，上面写道："小朋友们，你们找两个小朋友看谁先滑到底，再想想看为什么?"这架新滑梯吸引了许多成人和小朋友，小朋友两个两个进行比赛，结果总是滑新滑梯的小朋友先到底。

这种情况引起了人们的议论。

图2-8　奇怪的滑梯

甲："从道理上来讲，应是滑直滑梯的人先到底!"

乙："那是为什么?"

甲："两点之间直线最短嘛。"

乙："为什么滑弯滑梯会快呢?"

甲："这我也不知道。"

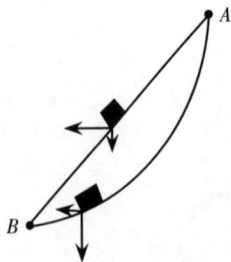

图2-9　两种滑面的重力加速度

下面我们一起研究一下这个问题。

原来这架弯滑梯，它的滑面是根据旋轮线来做的。我们知道，小朋友能沿滑梯自由滑下，是由于受了重力作用，也就是地球引力的作用。下滑速度的快慢，决定于在下滑方向上重力分力的大小。从图2-9中可以看到，按照旋轮线下滑，可以得到最大的垂直分力，也就可以得到最大的速度。通过A、

B 两点的旋轮线，虽然比通过 A、B 两点的直线段长，但是，沿着旋轮线下滑的速度却比沿着直线下滑速度快，因此，用旋轮线滑梯的小朋友总先到底。因此旋轮线（摆线）具有最大速降线性质。

从前面研究的结果来看摆线原理具有走的路程长，而用时短的速降线性质。

自古以来人们就把车轮做成圆形的，就是利用圆的特性：圆周上每一点到圆心的距离都相等。

图 2-10 是最早的木制自行车。自行车的车架固定在车轴上，车轴是车轮的圆心。这样车轮不停沿平地向前转动，车身却保持在一个水平位置上，车辆行驶起来就又快又平稳了。当代日本人发明半轴自行车，这种发明就是根据旋轮线的摆线原理设计的。

图 2-10　木制自行车

综上，可以说明速滑钟摆动作充分利用了摆线原理的性质。

第三节　速度滑冰技术理论发展进程

1840—1953 年，滑冰、速度滑冰的技术理论是由三个渠道传入我国的。京津地区是由美国人和英国人传入的；大连和沈阳地区由日本人传入的；哈尔滨地区由俄国人传入的。

中国速度滑冰作为正式竞技冰上体育项目是从 1953 年开始的，如今已走过近70年的历程。考察这段历史，我国速滑技术理论形成与发展大致可分三个阶段。

一、全面学习苏联速度滑冰理论阶段（1953—1966年）

1953—1966年，我国体育工作者在党的正确领导下，全面学习当时世界速滑第一强国——苏联的速滑理论。1953—1954年，黑龙江省、吉林省和辽宁省教育厅首次编印冬季学习资料，拉开了学习苏联速滑理论的序幕。1955年郑荣庭与高静首次翻译了苏联索科洛夫编著的《速度滑冰》一书。1959年出版了苏联专家斯捷潘年柯和别列金在我国速滑指导员训练班讲学时的《速度滑冰讲义》一书。两书的问世，为我国广大速滑工作者提供了丰富的速滑技术理论营养，为形成我国速滑技术理论奠定了基础。

当时学习苏联速滑理论，对我国速滑运动水平的提高起到了极大的促进作用。哈尔滨体育学院冰雪教研室于1961年首次编写了《速度滑冰讲义》一书。

在学习苏联速滑理论的基础上，我国教练员和运动员结合自身实际情况努力拼搏，1963年我国速滑运动员罗致焕为中国在世界速滑比赛中获得第一枚金牌，谱写了我国速滑史上光辉的一页。

实践证明，当时形成的我国速滑理论中的"低姿势、大幅度、弯道高频率，充沛的体力，顽强的意志品质，以及充分地利用体重蹬冰"是行之有效的。

二、广泛向国外学习的阶段（1974—1984年）

在这个阶段，我国速滑界以"派出去，请进来"的方针，学习国外先进速滑理论，积极参加世界级比赛（包括冬奥会比赛），以获得实践经验，为探索自己的训练理论奠定了基础。

在这个阶段值得一提的是，1980年吉林体育科研所翻译了苏联莫斯科中央体育学院斯捷潘年柯主编的《速度滑冰》教科书中技术与训练等章节，为我国速滑理论工作者介绍当时世界最先进速滑技术理论体系，为研究速滑新技术理论指明了方向。

三、我国速滑理论进一步充实的阶段（1984年至今）

1984年以后，黑龙江省体育科研所赵荫桐、李淑兰翻译了美国著名教练霍拉姆著的《速度滑冰全书》，为我国速滑理论与实践研究者提供了具有实际意义的具体的经验总结。

第四节　短道速滑压弯技术原理

短道速度滑冰比赛在长60米、宽30米的冰场上进行，跑道周长为111.12米，弯道半径为8米，所以运动员们过弯道时，身体总是大幅度向内倾斜，一边的身体几乎贴着地面。如果用一句话简单解释"压弯"原理，就是重力与离心力的力矩平衡。

一、力平衡

将运动员滑冰转弯看作圆周运动，此时冰刀卡在冰面上时受到的摩擦力提供向心力。为了方便研究，引入了另一个虚拟的力，即"离心力"（f），其大小与向心力相等，方向相反。

水平方向：$\qquad\qquad\qquad f = mv^2/r$

竖直方向：$\qquad\qquad\qquad G = F_{支持}$

二、力矩平衡

除了力的平衡分析，还要对力矩平衡进行分析。

如果滑冰转弯时人的身体是直立的，上半身会因为惯性做离心运动而被"甩出去"。例如：车转弯时，车内的乘客容易向外倾倒，这时候一般人的上半身会不自觉地向内倾斜做出"抵抗"。为了保持平衡，以冰刀和地面接触点为圆心，重力的力矩（M_1）应该等于离心力的力矩（M_2）。

$$M_1 = mg \cdot h \cdot \tan \theta$$

$$M_2 = mv^2/r \cdot h$$

$$M_1 = M_2$$

$$v^2 = gr \cdot \tan \theta$$

可以看出，如果转弯时的速度很大，为了不被甩出去有两种方法：增大转弯半径r：这也是机动车在高速行驶时不能急转弯的原因；增大倾斜角度θ，因为短道速滑的比赛场地弯道固定，所以运动员高速转弯时，身体必然会大幅向内倾斜。

章节思考题

1.速滑运动滑跑过程由哪几个时期、阶段、动作构成一个运动周期？

2.速度运动一个周期的几个时期、阶段、动作分别是什么？

3.滑步宽度和滑步长度分别指的是什么？

4.滑跑速率和滑跑节奏有哪些不同？

第三章　速滑运动基本技术

第一节　速度滑冰与短道速滑的技术概念

一、速度滑冰技术概念

（一）速滑技术

速滑技术系指速滑运动为在全程各阶段（直道、弯道、起跑、结束冲刺等）达到最佳速度，所需要的各种动作的总和。

速滑运动员进行教学训练的主要目的就是掌握和不断提高滑跑技术，以最节能的技术动作，达到最大速度，从而创造优异滑跑成绩。

（二）速滑技术任务

速度是衡量运动员技术精湛程度的主要指标。为了达到最佳速度，就要有与其相应的技术要求。在比赛中需要运动员以较好的平均速度滑完全程，减小速度波动。平均速度等于距离（米）除以通过某距离的时间（秒）。这只是理论上的理想计算公式。在实际滑行中速滑运动是不可能以这样平均速度滑完全程的。因为个人滑跑动作技术、滑行区间、疲劳程度、比赛的战术需要及场地上的冰面等诸多因素都影响速度波动。那么，速滑运动员能否以最理想的速度滑完全程，不至于因速度波动而导致体能的过分消耗？

速滑技术基本任务可以归纳为：

1. 掌握关键技术，增大推进力、减少阻力

荷兰速滑专家经过多年研究发现：蹬冰方式和保持重心稳定移动是速滑技术两大关键。

在保持重心稳定移动的基础上增大推进力作用来减少滑进阻力，1984—1998年问世的速滑新型冰刀正是从上述观点考虑的。在保持重心稳定移动的基础上，掌握有效蹬冰时机，增加蹬冰腿肌肉做功动作幅度，来增大推进力作用（冰刀在有效地双支撑蹬冰时又不离冰面），减少阻力作用，使每个滑步速度得以提高，从而提高全程滑跑成绩。

2. 用"提展落，侧蹬冰"大步保持滑步最佳节奏

荷兰人创造了"提展落，侧蹬冰"技术，但真正使其发扬光大的是美国人霍拉姆。她培养的学生海登在1980年冬奥会上运用这一技术获得5枚速滑金牌，创下世界之最。

目前，这种"提展落"，侧蹬大步滑的动作节奏，已得到国际速滑界的普遍认可，成为训练速滑运动员的基本动作。

总之，速滑技术的任务在于提高全程和各阶段的滑跑速度。为了完成这项任务，必须保持身体重心稳定移动，增大推进力的作用，以减少阻力作用，采用"提展落，侧蹬冰"，大步滑的最佳节奏，早蹬冰快蹬冰促进滑跑速度的提高。

二、短道速滑技术概念

短道速度滑冰运动是以技术水平、身体素质、机能能力、心理素质、智能能力等条件为基础，以战术运用为灵魂的体能主导类同场对抗性项目。短道速滑技术可分为：起跑技术、直道滑行技术、弯道滑行技术、冲刺技术、超越技术等。

起跑技术一般包括三个动作阶段，即起跑预备姿势、启动和疾跑。

直道滑行技术在直道滑行基本姿势的基础上，两腿交替连续完成蹬冰、收腿、下刀、支撑滑行，并配合摆臂形成完整的直道滑跑动作。

　　弯道滑行技术既要保持高速滑行，又要扣住8m半径的弯道。在弯道滑行的区段也是体现战术意图的重要区域。

　　冲刺技术，当临近终点且运动员相距较近时，冲刺可以起到决定性的作用。以送刀式冲刺为例，在接近终点的滑行过程中，将重心落在有利于克制对手一侧的腿上，将另一侧腿迅速前伸，保持平衡冲过终点。

　　超越技术是取得比赛胜利至关重要的因素。超越可以分为主动性超越（包含速度性超越和技术性超越）、非主动性超越、弯道超越、直道超越和冲刺超越。

第二节　速度滑冰直道滑跑技术

一、身体重心与支点的概念确立

　　滑冰需要有一双好的冰刀，方能滑得自如正确。冰刀又必须磨得正确，刀刃要磨成直角，并有最佳弧度。当锋利的刀刃切进冰面时，就会感到阻力很小。在自由滑进阶段，刀刃必须与冰面平行。而在蹬冰阶段冰刀刃又必须与冰面有一定夹角，以使冰刀牢牢咬住冰面。冰刀刃必须有弧度，以便能灵活转弯，减少前进阻力。如果冰刀刃是平的或凹型，冰刀就只能沿直线滑行。当转弯时，不得不用力扭转冰刀。运动员应将重心压在脚跟上，身体重心的投影点必须在后刀托上。众所周知，人走路时蹬地面是脚后跟先着地然后过渡到脚掌蹬离地面。蹬冰动作也如此：当蹬冰过程中冰刀与冰面的接触点将向前移动。如图3-1所示，可看出 AS 的距离（将重心压在冰刀中部）要比 BS 的距离（将重心压在脚跟处）短得多。将重心压在脚跟处的优点是可增加蹬冰距离。正确支撑时，重心与支点的关系：重心在支点的上方，其投影点必须在刀托上（即冰刀支撑面长度的后三分之一处或脚后跟中间）。这是第一要点。第二个要点是：蹬冰支点在重心左右向前移动，而身体重心保持向前稳定移动（即重心相对前方不左右和上下移动，简称"支动重不动"的关系）。

关于这一规律国内外速滑专家从不同的角度都做过精辟的阐述。

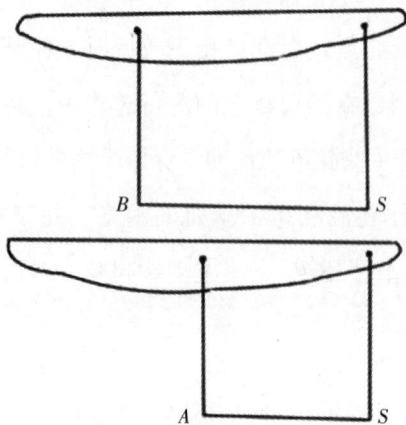

图3-1 蹬冰过程示意图

（1）荷兰专家经过多年研究发现，蹬冰方向与保持重心稳定移动是速滑技术的两大关键点。

（2）美国著名教练霍拉姆指出：为了获得最大力量，就要使臀部和上体保持稳定，也就是臀部上体在竖直方向和水平方向保持在一个稳定位置上，不要左右摆动和上下起伏。

综上所述，重心与支点的关系应该是重心相对不动，支点左右移动，即"支动重不动"。速滑运动是周期性运动项目，其动作是按相同的动作结构连接地重复进行的。从动作结构来讲，快速滑跑时直道和弯道滑行动作结束存在差异。为了更好地了解其中的道理，我们提出以下几个科学观点加以说明，以期对加深"支动重不动"速滑技术的理解。

二、速滑技术动作结构的科学依据

（1）根据物体运动规律，重心相对不移动而支点左右移动。

（2）根据节能等时和最短时间内完成动作的摆线原理，保持重心稳定移动。

（3）根据斯捷潘年科的速滑的动作结构和霍拉姆的动作而设计。

三、直道滑跑基本技术

直道滑跑技术包括四个主要部分：滑跑姿势、腿的动作、臂的动作和全身动作配合。

（一）滑跑姿势

直道滑跑姿势是从箭步式开始。为减少空气阻力、增大推进力和保持身体重心稳定性，现代速滑技术一般都采用相对较低的滑跑姿势。这种姿势可以减小迎面阻力，加大动作幅度，最大限度地发挥人体的运动能力，从而提高运动成绩。滑跑基本姿势的高低取决于上体与冰面的角度和下肢髋、膝、踝关节的角度。比较正确的滑跑姿势是：上体前倾、肩略高于臀部、上体与冰面成15°～20°角、肩背部放松、头微抬起、两眼平视前方10～20米处、腿部弯曲、膝盖前弓较大、背手或摆臂滑跑。

1. 头部位置

头部是躯干自然延长的部分，其额状面与水平成45°角左右，可使头部呈较好的流线型。这种头部的位置既可使头部放松自然，又能减少空气阻力，两眼平视前方，保持头部稳定，头部可以控制躯干动作。

2. 躯干与水平面的角度

上体放松团身，两臂与两肩保持平稳的流线型曲线，躯干与水平面平行既能减少空气阻力又能使上体节省能量。

3. 腿部蹲屈的合理角度

腿蹲屈的三个关节（髋、膝、踝关节）中最主要的是膝关节，能够发挥最大的力量和力量耐力的膝关节弯曲角度是90°～100°。经过观测发现，世界优秀运动员滑跑时膝关节弯曲角度没有小于90°角的，过小的膝关节角度会使主要支撑肌肉群过早疲劳。因此，应特别注重少年儿童时期对适宜低滑跑姿势习惯的逐渐养成。

4. 上体与大腿的角度

上体略长下肢略短的人，要保持重心投影线在冰刀上的正确位置和支撑腿膝关节弯曲角度为90°，上体就要相对高些（上体与大腿成70°~80°角），如果上体过低，其重心投影线就容易通过冰刃尖。而下肢略长、上体略短的人，上体与大腿的角度可略小些（约为45°角），这样可通过脚后跟中部使身体各部分处于平衡状态。

5. 后坐动作及正确支撑动作

如果身体重心投影线落在冰刀弧度后半部，不仅减少前进阻力，还能保持滑进中身体呈平稳移动（身体重心沿冰刀支撑面纵向移动，使得重心稳定性好）；也能加长蹬冰距离，这样身体重心投影线就在冰刀正刃的中内部，可使重心平衡度最佳；如果身体重心在冰刀长度后三分之一处，则又能比较容易完成变刃动作，即能在收浮腿时左右轻移重心。

（二）腿的动作

两腿的基本动作是由滑进和蹬冰滑进组成。蹬冰是推动运动员身体向前滑进的动力，是人体内力的体现形式。蹬冰是运动员通过冰刀作用给冰面的一个动态压力，它的完整动作是依次伸展支撑腿的髋、膝、踝关节，从而获得一个向前滑进的水平加速度。蹬冰效果的好坏取决于蹬冰的力量、方向、蹬冰角度、蹬冰时间、蹬冰幅度等因素。当惯性滑进结束时，冰刀由正刃过渡到内刃，身体产生向内侧的倾斜，这就进入了开始蹬冰阶段。这时先展髋关节，压膝关节和踝关节，随着冰刀与冰面夹角的缩小，形成了适宜的蹬冰角度，这时膝关节快速有力地伸展，进入最大用力蹬冰阶段。紧接着快速、彻底地伸展踝关节，进入蹬冰结束阶段。这三个阶段是在瞬间进行的，是相互连贯的动作过程。

运动员在滑跑过程中，蹬冰时冰刀的内刃只有在运动员的体侧才能找到稳固的支点，从而在高速的滑跑中完成蹬冰等一系列动作，因此现在的速度滑冰技术特别强调要提高蹬冰的侧向性。

蹬冰滑进是腿的主要动作，它是保持和提高滑跑速度的根本动作。蹬冰滑进是由单支撑蹬冰滑进和双支撑蹬冰滑进两个动作组成一个完整的蹬冰动作。因此，很难给其一个严格准确的定义，只能粗略地理解蹬冰的动作为：

支撑腿的伸展过程，即当身体重心出现适宜横向位移时，支撑冰刀由正刃转内刃后，由于支点作用促进身体重心横向纵向位移（这是新技术与传统技术横向位移的区别所在）。同时，依次伸髋关节、膝关节和踝关节。

蹬冰具有强而有力、推弹作用特点，其动作不仅包括支撑腿的动作，而且浮腿也参与其中。从人体重心这个角度来讲，支撑腿冰刀支点的蹬冰起到"推车人"的作用，而浮腿的收腿、摆腿、下刀（即膝关节向前伸屈与小腿的下落）起到"拉车人"的作用，产生惯性力，"一推一拉"起到了蹬冰力最佳传递加速作用，使两腿动作协调一致，达到连贯的蹬冰效果。运动员的每条腿依次做下列4个动作：单支撑蹬冰动作、双支撑蹬冰动作、浮腿动作（收腿动作、摆腿动作、下刀动作）和单支撑自由滑进动作。

1. 单支撑蹬冰滑进动作（见图3-2中6～12）

图3-2 单支撑蹬冰滑进动作

　　单支撑蹬冰滑进动作的阶段，从身体重心纵向位移起，到浮腿冰刀触冰为止。单支撑蹬冰动作阶段的任务是利用单支撑的有利时机做充分有效的蹬冰动作，充分利用身体重力向前方进行支点移动。

　　单支撑蹬冰动作细节过程是：当单支撑自由滑进动作结束时（这个过程是由浮腿的大腿移向支撑腿，促使身体向内倾斜，造成支撑冰刃由正刃变成内刃），单支撑蹬冰滑进动作开始（这之前应提示运动员，在自由滑进开始时就应有早蹬冰和快蹬冰意识，否则蹬冰信息通过神经通路从大脑反馈回来所造成的蹬冰既晚又慢）。开始时蹬冰的支撑腿的支点沿着冰刃内刃的纵向面用力向前部压去，在这个过程中，支撑点使踝关节弯曲角度缩小，推动膝关节和髋关节伸展，使身体向前进方向移动，出现了一个相对支点的力矩，这个力矩使支点偏离重心，最后迫使浮腿冰刀触冰，单支撑蹬冰滑进动作结束。

　　2. 双支撑蹬冰滑进动作（见图3-2中12～15）

　　双支撑蹬冰滑进阶段，自浮腿冰刀外刃触冰起，到蹬冰腿冰刀离冰时止。双支撑蹬冰滑进动作阶段的任务是，利用腿部力量，充分伸展膝关节和踝关节，推动身体重心纵向前移，完成蹬冰动作。

　　双支撑蹬冰动作细节过程：由于支撑腿膝踝关节迅速伸展和浮腿的向前摆动，促使身体重心向前移动。当身体重心迅速移向新的支撑腿时，蹬冰腿的肌肉能迅速收缩，为迅速完成蹬冰创造条件。此时支撑腿迅速完成强而有力推弹式蹬冰动作。当新的支撑腿完全承担身体重量时，蹬冰腿冰刀离开冰面，双脚支撑蹬冰动作阶段结束。

　　3. 浮腿动作（见图3-2中1～15）

　　速滑运动员蹬冰腿从蹬冰结束后冰刀离开冰面起，到冰刀重新触冰面部位止的动作过程为浮腿动作。它包括收腿、摆腿和下刀三个动作阶段。

　　从浮腿在"收摆下"过程的线路来看，又可把浮腿动作过程看成从蹬冰结束后的身体侧位移到身体支撑腿的后位，最后由后位移到支撑腿的侧前位的连续的动作过程。这个过程即摆线过程。

　　（1）收腿动作。

　　收腿动作阶段自蹬冰腿的冰刀离开冰面开始，到浮腿收到支撑腿后位结束（见图3-2中1~6）。

收腿动作阶段的任务是：① 通过大小腿弯曲放松浮腿；② 为早蹬冰做准备。

收腿动作过程细节：当蹬冰腿冰刀离开冰面收腿动作阶段开始，借助蹬冰腿伸展肌肉群的放松和冰面对它的反弹力，浮腿以大腿带动小腿的屈腿形式（缩小腿的半径）直接收向支撑腿的后方。由于浮腿肌肉的收缩速度（4~5米/秒）小于支撑腿的滑进速度（8~10米/秒），所以浮腿自然落后于支撑腿。当浮腿收到支撑腿后位时，收腿动作阶段结束。

（2）摆腿动作。

摆腿动作阶段自浮腿由支撑腿的后位向支撑腿的前位移动起，到浮腿冰刀在支撑腿冰刀稍前方触冰止（见图3-2中6~12）。

摆腿动作阶段的任务：① 增加支撑腿的蹬冰力量；② 准备用冰刀中后部下刀；③ 促进身体重心纵向移动；④ 通过大腿带动小腿的自由落体继续放松浮腿。

摆腿动作阶段细节过程：当浮腿收到支撑腿后位时，浮腿摆动动作阶段开始。浮腿得到一定程度的放松，但是其速度落后于支撑腿，于是浮腿借助本身和其髋关节屈肌肉群——股四头肌等肌肉群力量，做"提、展、落"的动作，带动身体重心向前移动。浮腿在做这个动作过程中，应特别注意其浮腿要贴近支撑腿，向前进方向做抬大腿伸展其膝关节和小腿下落（踢小腿）动作，这样可保证浮腿冰刀用后部滚动触冰。在向前进方向抬大腿（膝关节）踢小腿时，要注意向前进方向伸展膝关节动作，这一动作有利于小腿下落（向前伸展或前踢）。从而通过小腿自由落体式的下落，使浮腿进一步达到相对放松目的。浮腿这一与加速度相同的摆动惯性力增加了蹬冰力量，为支撑腿快速结束蹬冰创造条件。当浮腿冰刀触冰，摆腿动作阶段结束。

（3）下刀动作。

下刀动作阶段起于浮腿冰刀触冰时，止于蹬冰冰刀离冰时（见图3-2中12~15）。

下刀动作阶段的任务是：① 合理正确支撑体重；② 减小纵向阻力；

③ 保持身体重心稳定性。

下刀动作阶段细节过程是：当浮腿冰刀以其刀尖抬起，并用其冰刀中后部在滑跑的前进方向上接触冰面时，下刀滑进动作阶段开始。此后，浮腿冰刀以外刃或正刃的中后部支撑体重。浮腿冰刀着冰的位置是在支撑腿冰刀尖稍前方的冰面上。在上述情况下，可使运动员每滑一步，向前增加15～20厘米的距离。可见，这一向前下刀动作有利于单支撑蹬冰充分有效利用重力加速度的延长并增加了滑步长度，保持身体重心在稳定条件下被转移。其原因：① 利用冰刀外刃或正刃弧度后部支撑身体重心，其一保证身体在两个冰刀上的稳定；其二减少冰刀与冰面的纵向阻力（冰刀尖稍抬起如同小船在水面航行时前进阻力小）。② 向滑跑方向下刀有利于保持身体重心的一条直线的稳定性。当新支撑腿冰刀支撑起全部身体重量时，蹬冰腿冰刀离开冰面时下刀滑进动作阶段结束。

下刀动作同浮腿的收腿和摆腿动作是协调一致的连贯动作，因此，应当特别注意以下要点：① 下刀前浮腿贴近支撑腿向前进方向摆动，才能促进身体重心沿着冰刀纵向弧面迅速移动，从而保持身体重心平稳移动，达到充分利用重力加速度的作用。② 新支撑腿冰刀做到正确支撑动作，并在此时达到鼻子、膝盖和冰刀尖在同一个矢状面时，即在箭步时三点一线，这也是当今技术与传统技术的区别之一。这样才能保持身体重心稳定性，达到充分利用前次蹬冰的惯性速度，为后续动作——单支撑自由滑进动作做好充分准备。

4. 单支撑自由滑进动作（见图3-2）

自由滑进动作是指一条腿蹬冰动作结束后，至另一条腿蹬冰动作开始前，支撑腿冰刀利用前次蹬冰产生的惯性向前滑进的过程动作。

单支撑自由滑进动作阶段是从蹬冰腿冰刀离冰时起，到浮腿冰刀收到支撑腿后位时止。

单支撑自由滑进动作阶段的任务是：① 合理利用前次蹬冰产生的加速度；② 为下次蹬冰动作做好充分准备。

单支撑自由滑进动作细节过程是：单支撑腿自由滑进动作阶段开始时，

运动员以冰刀正刃（中间）的后部支撑身体重心，向前滑进，身体重心在支点的上方。在自由滑进过程中，由于浮腿由侧位收向向前滑进的支撑腿（自由滑进腿），冰刀的支点由冰刀后部向前部移动。

当自由滑进动作结束时，支撑腿的冰刀由正刃变成内刃，身体姿势呈内倾斜状态即身体重心产生横向位移。此时，身体在冰刀支点的侧上方，为蹬冰创造了良好条件（即冰刀刃切入冰面）。自由滑进动作阶段为了合理利用已获得的惯性，必须做到以下几点：① 保持良好流线型滑跑姿势，以减少空气阻力作用；② 保持身体重心的平稳性，使支撑腿相对固定，不使冰刀与冰面纵向的摩擦力增大；③ 通过教学与训练找出适宜的长、短距离项目自由滑进动作持续时间。

（三）臂的动作

臂的动作位向点：摆臂的动作有3个位向点，即前、后高点和下垂点（见图3-3）。

图3-3　臂的动作位向点

摆臂动作的任务是提高滑跑速度、保持身体平稳移动和节能。

摆臂动作有助于提高滑跑频率，促进身体重心向前移动的速度，减少准备蹬冰伸展腿的时间和增加蹬冰力量。只有两臂屈臂摆动才能节省能量和加速，从而使滑跑动作协调、优美、大方和稳定。在滑跑中，只有使臂的摆动动作有利于保持身体重心平稳，才能有效发挥臂的摆动动作最佳作用。

在当今滑跑技术中，摆臂动作有两种：一种是小屈臂双摆臂，一般用于短距离途中滑跑和冲刺；另一种是大屈臂双摆臂，一般在中长距离起跑阶段使用。还有一种是单屈臂摆动（见图3-4），通常用于长距离弯道滑跑中。单摆臂比双摆臂作用小，但是双摆臂比单摆臂要更消耗体力。

图3-4　单屈臂摆动

直道滑跑时，屈臂的摆动动作细节过程是：臂在做前摆时，前臂逐渐变屈，肘关节略成直角，以大臂带动小臂向前摆动。要求小臂前摆时，其肘不得超过或略超过身体纵轴。两臂摆动时，摆动的臂应与支撑腿相配合。自由滑进时，臂在前后高点要有稳定感（初学者在前后高点摆动时少有稳定），才能达到摆臂与支撑腿的协调。向后摆臂时，臂由小弯曲逐渐向身体后上方大弯曲至伸直，一直达到后高点。

长距离摆臂的特点是前后摆动为佳，而短距离项目则具有屈臂摆向侧后方的特点。

（四）全身动作配合

直道滑跑动作配合，是指全身动作配合，它包括两腿的配合动作、两臂与两腿的配合动作、上体（身体重心）和（支点）两腿的配合动作。

1.两腿的动作配合

从滑步结构来看，主要由两腿动作来完成。因此，两腿之间的动作能否协调配合一致，关系到滑步速度的快慢和全程滑跑成绩的优劣。

两腿动作配合最佳协调关系：

（1）单腿支撑自由滑进动作与浮腿收腿动作相对应（见图3-5中1~2）。

（2）单腿支撑蹬冰滑进动作与浮腿摆腿动作相对应（见图3-5中2~3）。

（3）双腿支撑蹬冰滑进动作与浮腿下刀动作相对应（见图3-5中3~4）。

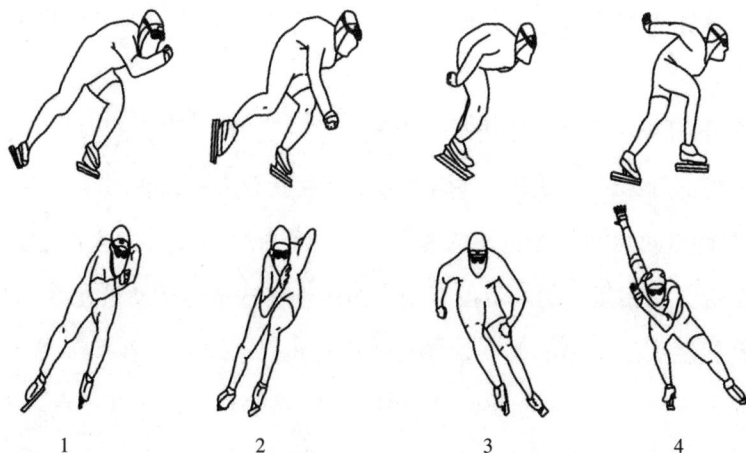

图 3-5 两腿动作关系

2. 上述 3 对相对应配合动作细节过程

（1）单腿支撑自由滑进动作与浮腿收腿动作配合阶段。开始时，新支撑腿用正刃中间冰刀后三分之一处支撑身体重心，这时浮腿从身体的侧位逐渐收向支撑腿。这一动作使身体产生横向位移，它的大小决定与之配合收腿方式。实践经验提示我们：浮腿直接收向支撑腿，则使身体横向位移能保持较小的程度。反之，传统技术中浮腿用四分之一椭圆形式横向收腿，则使身体横向位移程度加大。浮腿采用冰刀贴近冰面向支撑腿直接收浮腿技术，可保证身体重心纵向位移的稳定性。

（2）单腿蹬冰滑进动作与浮腿摆腿动作配合阶段。过程要点如下：开始时支腿冰刀用内刃后部向前推送蹬冰，此时，与之配合浮腿动作以收靠动作向前提展膝关节伸展小腿，产生一个支撑腿向前推身体重心和浮腿向前拉的配合动作。

（3）双腿支撑蹬冰滑进动作与浮腿下刀动作配合阶段。过程如下：双腿支撑蹬冰动作是蹬冰支撑腿继续用冰刀内刃中前部完成蹬冰动作，这时与之配合浮腿下刀动作以其冰刀外刃后三分之一处紧贴着支撑腿冰刀向前触冰。当蹬冰腿完成蹬冰动作，此时浮腿冰刀以其脚后跟承担身体重心时配合动作结束。这里应当提醒人们的是：下刀以外刃着冰是现象，而用正刃支撑身体重心才是真正要求。因为，身体在倾斜状态下支撑冰刀是倾斜的，而且浮腿下刀必须靠紧支撑冰刀下刀，所以就出现了下刀用外刃过渡着地现象。其好处是：

① 使下刀有一个稳定小支撑，有利于重心转移。下刀是用冰刀的外刃在支撑冰刀前部着冰，确切地说，用外刃中部后三分之一处着冰。

② 两臂与两腿动作配合。两臂和两腿动作配合关系，同人们走路时手臂和腿的配合关系相似。但两者也有一定的区别，这就是运动员在冰上滑跑时，两臂摆动幅度大于走路的幅度，摆动速度比走路时要快。在实际滑跑中，做到臂领先于腿的动作，才能使两臂和两腿的配合动作关系协调一致。

两臂和两腿动作配合过程是：当右臂摆到前高点，左臂摆到后高点时，右腿处于双支撑蹬冰滑进动作结束阶段。接着左臂同右臂与左腿自由滑进动作阶段开始动作相配合，在各自前、后高点保持稳定。当左臂和右臂在各自前、后高点分别向前、后下方做弧型路线屈臂摆动时，左腿处于自由滑进动作阶段结束，右腿处于收腿动作结束阶段。紧接着两臂分别按不同方向向下垂点摆近。右腿处于摆动腿动作结束阶段，而左腿则处于单支撑蹬冰结束阶段。然而当两臂由下垂点又重新摆至各新的前、后高点时，左腿处于双支撑蹬冰动作结束阶段，而右腿则处于下刀动作结束阶段。

总之，臂与腿的配合动作的要点是：臂领先于腿，臂在双支撑蹬结束时，即在前、后高点，稍有停顿以保持身体稳定向前滑跑。

③ 上体与臂、腿动作配合。上体与臂、腿动作配合具体体现在身体重心与蹬冰支点的关系上，即重心保持稳定移动，蹬冰的支点左右纵向向前移动。

第三节　短道速滑直道滑跑技术

在直道滑行基本姿势的基础上，两腿交替连续完成蹬冰、收腿、下刀、支撑滑行，并配合摆臂就形成了完整的直道滑跑动作。滑冰者以相对较高的速度向前滑行能利用所谓"滑行技术"，即连续向前滑的同时针对冰的推进动作。

短道速滑直道滑冰的基本姿势采用流线型的蹲屈姿势，上体前倾，髋、膝、踝三关节处在屈的状态。躯干纵轴线与支撑大腿纵轴线之间的夹角称"髋角"，为45°~75°；支撑大腿的纵轴线与支撑小腿纵轴线之间的夹角称"膝角"，为90°~100°；支撑小腿纵轴线与水平线之间的夹角称"踝角"，为50°~90°。

直道滑跑完整技术动作结构如表3-1所示。

表3-1 直道滑跑完整技术动作结构

周期	复步					
时期	单腿支撑		双腿支撑	单腿支撑		双腿支撑
阶段	自由滑行	单支撑蹬冰	双腿支撑蹬冰	自由滑行	单腿支撑蹬冰	双腿支撑蹬冰
左腿滑步动作	自由滑行	单支撑蹬冰	双支撑蹬冰	收腿	单支撑蹬冰	着冰
右腿滑步动作	收腿	摆腿	着冰	自由滑行	摆腿	双支撑蹬冰

一、动作要领

蹬冰开始上体横向移动并展髋，发力要快而积极主动。重心移动，身体纵轴线应与滑行方向平行，动作节奏的变化需先慢后快，两腿动作连贯流畅。单支撑蹬冰动作与摆腿动作、双支撑蹬冰动作与冰刀着冰动作的协调配合是蹬冰阶段的关键。

二、练习方法

（1）在陆地进行有助于增强核心部位小肌肉群力量以及协调的练习。

（2）在陆地进行滑行、滑跳模仿动作及动作协调性等专门性练习。

（3）保持滑行基本姿势，进行单腿连续自由滑行、收腿、蹬冰、摆腿、冰刀着冰动作的练习。

（4）不同速度的双摆臂协调性练习。

三、常见的错误动作及纠正方法

（1）动作紧张、僵硬，两腿配合不协调。为纠正上述错误动作，可提示练习者注意自由滑行与收腿动作的配合、单支撑蹬冰与摆腿动作的配合、双支撑蹬冰与着冰动作的配合等，通过加强单腿支撑平衡能力和协调的练习，不断提高动作的熟练程度。

（2）动作不连贯，主要表现在蹬与收之间的动作停顿，蹬、收动作分解。纠正该错误动作，应重点加强核心部位小肌肉群力量及专项力量的训练。

第四节　速度滑冰弯道滑跑技术

一、弯道滑跑特点

（1）左腿外刃右腿内刃中间后部支撑身体重心。身体呈左倾状态。身体倾斜度大小与滑跑速度成反比，与弯道半径成正比。

（2）左腿用外刃，右腿用内刃以交叉步方式向右做侧蹬冰滑进。

（3）弯道滑跑没有自由滑进动作阶段。弯道滑跑时两刀始终处在着冰即蹬冰滑进动作阶段状态。只有速滑初学阶段和在滑跑速度不快的弯道中，才有自由滑进动作阶段出现。

（4）弯道滑跑的最佳速度比直道快。其主要原因有：由于向心力和离心力作用，身体倾斜度比直道大，能充分利用身体的重力向一个方向运动，支点相对稳定，弯道始终处于蹬冰状态，无自由滑进阶段或自由滑进阶段很短。因此，弯道滑跑速度比直道快。

（5）弯道臂的动作与直道摆臂动作不同。摆臂的目的是增加向前推进力的作用和保持重心平稳移动。这是弯道和直道摆臂的共同点。但在弯道滑跑中是向左方移动，右臂的摆动可帮助身体重心沿一个方向稳定移动，而左臂起不到作用或起到的作用较小。因此弯道将左臂背起来，或左臂贴近身体小幅度摆动。

二、弯道滑跑的基本技术

弯道滑跑基本技术包括以下动作：滑跑姿势、腿的动作、臂的动作、动作配合和进出弯道动作。

（一）滑跑姿势

1. 头部的状态

头部的状态应该是固定的，两眼平视前方与切线方向，保持头部的稳定。

头部的稳定状态有利于身体重心处在冰刀刃的正确位置，可保证其稳定地移动。

2. 肩部的状态

肩像头一样也要保持平衡状态，这在弯道时尤为重要，这是因为其支撑面比直道更窄小，特别要注意每次蹬冰时都要保持肩的稳定性，并和冰面平行。肩不要受摆臂的影响，即前摆臂时，肩不能抬起和前送，后摆时，肩不能扭转。两肩与冰面保持平行，有利于蹬冰支点发挥更大效果。

肩要略高于臀部，将身体重心投影线放在冰刀内侧，身体就可以灵活自如地转弯。不转动和不抬起两肩会减少上体前探程度，使身体重心落在冰刀的后半部，而不是落在冰刀的前半部。

3. 臀部的状态

臀部的动作要求与肩部一样：

（1）保持同样的平稳状态（骨盆后倾）。

（2）每次蹬冰与交叉过程都应与冰面平行，保持其平稳状态。

（3）保证身体重心稳定移动。

（二）腿的动作

速滑运动员在弯道滑跑时，连续不断地向左侧运动，为支撑腿早蹬冰快蹬冰创造有利条件。在高速滑跑弯道时，滑步动作可分成两个阶段：单支撑蹬冰阶段和双支撑蹬冰阶段。在弯道滑跑时，由于向一个方向运动，运动员的两腿动作是不对称的，因此，左腿和右腿的动作不同，下面分别将左腿和右腿动作加以阐述。

1. 左腿单支撑蹬冰滑进动作

左腿单支撑蹬冰滑进动作阶段是自右腿冰刀离冰面起，到其重新触冰面止（见图3-6）。

图3-6 弯道两腿动作（一）

左腿单支撑蹬冰滑进动作阶段的任务是完成左腿单支撑蹬冰有效动作。

左腿单支撑蹬冰滑进动作过程是：右腿冰刀离开冰面，左腿则用冰刀外刃后部着冰，即向右侧前方做前送蹬冰即纵向侧蹬。当右刀经过左腿时，支撑腿快速伸展膝关节。当右刀触冰时，左腿单支撑蹬冰滑进动作阶段结束。

2. 左腿双支撑蹬冰滑进动作

左腿双支撑蹬冰滑进动作阶段自右腿冰刀触冰起，到左腿冰刀离开冰面止（见图3-6）。左腿双支撑蹬冰滑进动作阶段的任务是完成左腿蹬冰动作和变换支撑点。

左腿双支撑蹬冰滑进动作过程是：当右腿冰刀触冰后，左腿双支撑滑进动作阶段开始。左腿一边纵向侧蹬冰滑进一边将腿伸直，当支点沿冰刀刃纵向移动到左刀前部时，右刀支撑身体重心。左腿冰刀离开冰面腿也完全伸直，左腿双支撑蹬冰滑进动作阶段结束。

3. 右腿单支撑蹬冰动作

右腿单支撑蹬冰动作阶段是自左腿冰刀离冰开始，到其重新触冰时止（见图3-6）。右腿单支撑蹬冰滑进动作阶段的任务是利用右腿单支撑蹬冰有利的时机，快速有效地完成早蹬冰动作。

右腿单支撑蹬冰滑进动作细节过程是：当左腿蹬冰结束后冰刀离开冰面时，右刀以内刃中间后部支撑身体，并沿着与切线平行方向滑进。此时，右腿单支撑蹬冰开始，右腿冰刀以其冰刀弧度后部内刃的中间，向右前方做纵向侧蹬。这时，右腿膝关节积极伸展，带动髋关节的伸展。左腿经过右腿时，身体越来越倾向左侧，从而加大了右腿蹬冰效果。由于身体重力加速的作用，迫使左腿冰刀触冰，右腿单支撑蹬冰滑进动作阶段结束。

4. 右腿双支撑蹬冰滑进动作

右腿双支撑蹬冰滑进动作阶段是自左腿冰刀触冰时起，到右腿冰刀离冰时止（见图3-6）。右腿双支撑蹬冰滑进动作阶段的任务是完成右腿支撑蹬冰动作和变换支撑点。右腿双支撑蹬冰滑进动作细节过程是左腿冰刀触冰后，减轻重量的右腿加快了蹬冰的速度，否则就会失去支撑。当左脚完全支撑体重时，迅速完成右腿的蹬冰动作，将其冰刀抬离冰面，右腿双支撑蹬冰滑进动作阶段结束。

5. 右腿的收摆腿动作

弯道浮腿收摆腿的作用基本同直道一样。在以最佳速度滑跑弯道时，浮腿的动作只有一个动作阶段，即收摆腿动作阶段。初学者在速度不快情况下，是由两个动作阶段组成，即收腿动作阶段和摆腿动作阶段。右腿收摆腿动作阶段是自右腿冰刀离冰时起，到它重新触冰时止（见图3-6）。

右腿收摆腿动作阶段的任务是：

（1）减轻浮腿肌肉群紧张程度，达到放松的目的。

（2）加快身体重心纵向移动的速度。

右腿收摆腿动作细节过程是：当左腿蹬冰开始时，已完成蹬冰的右腿逐渐向前屈腿而使其肌肉得到放松，使冰刀抬离冰面，右腿开始收摆动作，在其髋关节屈肌作用下，右腿向左支撑腿的前方以"提展落"的方式收摆右腿。

当右腿冰刀触冰时，右腿收摆腿动作阶段结束。

6. 左腿收摆腿动作

左腿收摆腿动作阶段是左腿冰刀离冰时起，到其重新触冰时止（见图 3-6）。

左腿收摆动作阶段的任务是：

（1）减轻肌肉的紧张程度，达到放松浮腿的目的。

（2）控制身体横向移动程度，促进身体重心纵向位移速度。

左腿收摆腿动作过程是：左腿蹬冰结束后，左腿自然弯曲，使冰刀抬离冰面，左腿收摆动作开始。为了防止身体在右腿冰刀蹬冰时过分向左移动，收摆左腿应尽量贴近右腿内侧，并顺右腿冰刀前进方向与之平行展落左小腿，当左脚刀一接触冰面，左腿收摆腿动作结束。

7. 右腿下刀动作

右腿下刀动作阶段是自右刀内刃中后部触冰起，到右刀用内刃全部做单支撑蹬冰滑进动作开始时止（见图 3-7）。

右腿下刀滑进动作阶段的任务是：

（1）用冰刀内刃中后部支撑身体重心。

（2）全刃侧蹬冰。

右腿下刀滑进动作过程是当右腿冰刀用内刃中后部在左脚冰刀稍前方（右刀与左刀平行）触冰时，右腿下刀动作开始，而后，右刀一边滑进一边用冰刀内刃中间弧度的后部支撑身体重心。当右刀支撑全部身体重量时，右腿下刀动作结束。

8. 左腿下刀动作

左腿下刀的动作滑进阶段是：自左刀后三分之一处，刀刃中后部触冰开始起，到开始做单支撑蹬冰滑进动作止（见图 3-7 中 5～6 和 12～13）。

左腿下刀动作滑进阶段的任务是：

（1）沿切线方向下刀。

（2）用冰刀后方三分之一外刃承接体重。

左腿下刀动作滑进过程是：当左腿冰刀以其后三分之一处外刃中后部在

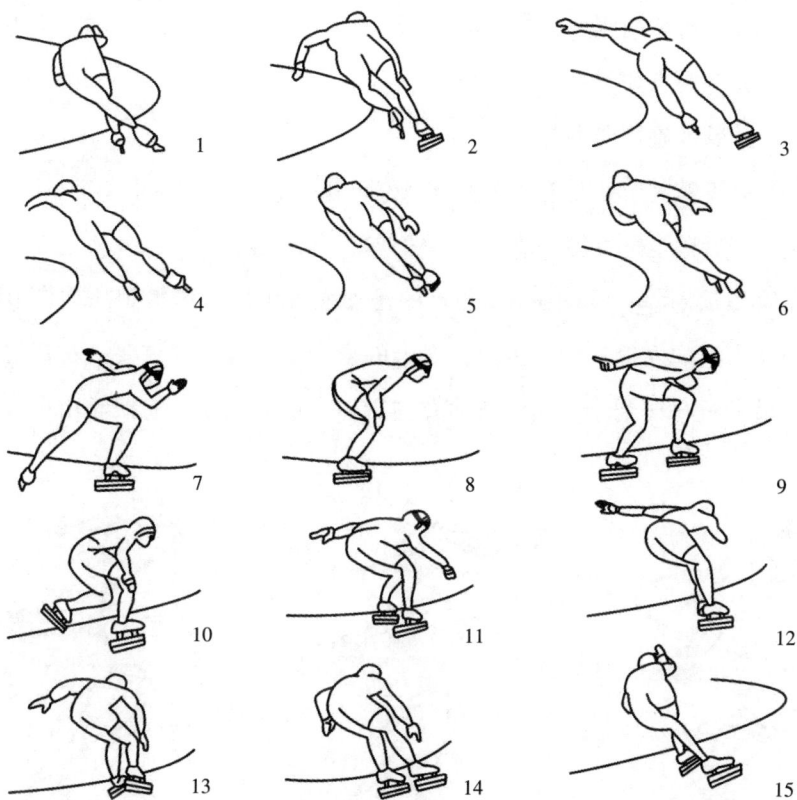

图3-7 弯道两腿动作（二）

右刀尖稍前方触冰（此时应尽量使左右两刀平行滑进），左腿下刀滑进动作开始，紧接着左刀外刃后三分之一处中后部逐渐承接体重。当左腿开始做单支撑蹬冰滑进时左腿下刀滑进动作阶段结束。

（三）臂的动作

弯道摆臂的任务是维持运动员身体动态平衡。其作用是：① 协调上下肢的动作稳定；② 促进身体重心沿冰刀内外刃纵向面快速移动。弯道摆臂动作细节过程是弯道摆臂动作主要以右臂摆动为主，左臂摆动为辅。

右摆臂动作（见图3-8），其目的是协调增加腿部频率，提高弯道滑跑速度，前摆朝弯道弧线（即切线）方向摆动，这有利于冰刀贴近弯道分界线向前滑行。右臂在前摆时，一定要贴近身体。这有利于身体重心集中在冰刀刃上，加强冰刀对冰面压力，同时也有利于身体重心沿冰刀刃纵向面稳定移动。

正确摆臂要点如下：

（1）让臂准确摆向弯道切点方向。

（2）贴近髋关节处，前摆至腭下，位于膝盖上方。

（3）臂后摆至贴近髋关节处，自然伸直至后高点。

左臂摆动动作（见图3-8）的目的是加强短距离弯道滑跑的动作节奏频率。由于弯道向左侧运动，因此，左臂的摆动就显得尤为重要。左臂的前摆是以大臂贴近身体到小臂向前弯曲和向后伸直进行摆动。前摆时用小臂，手

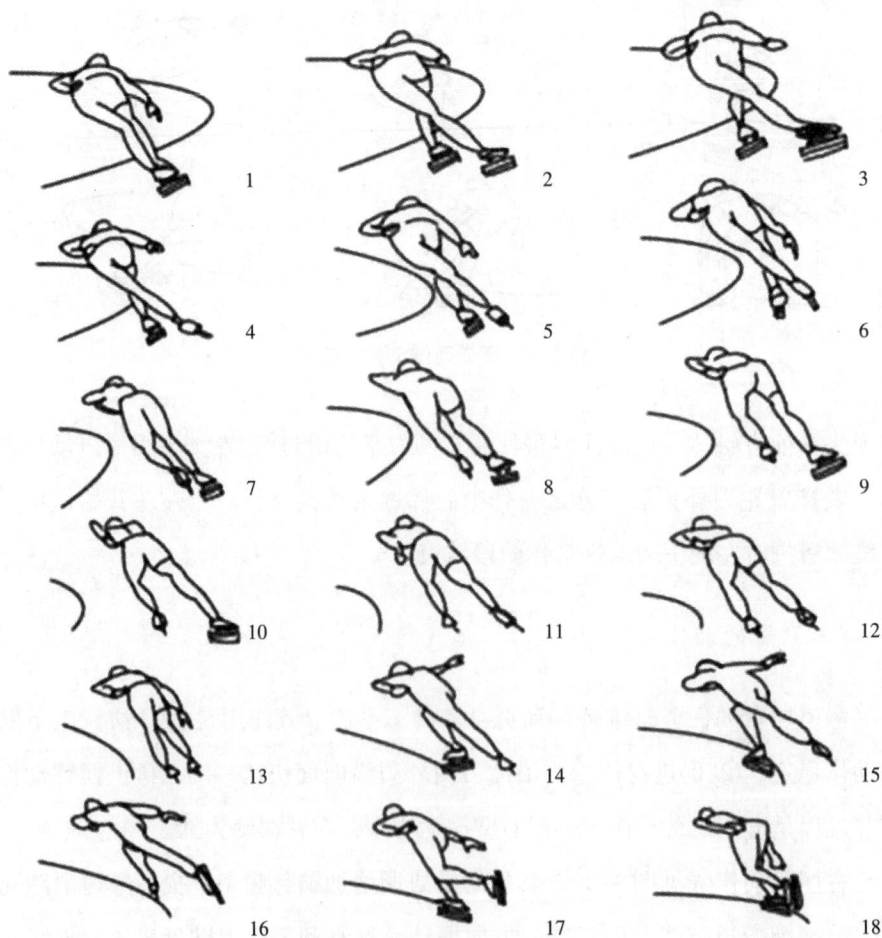

图3-8　摆臂动作及动作配合

臂在腭下，后摆时，臂伸直不超过臀部。

（四）动作配合

1. 两腿的动作配合（见图 3-8）

弯道滑跑的两腿动作配合对应关系有四种：

（1）左腿单支撑蹬冰动作与右腿收摆腿动作。

（2）左腿双支撑蹬冰动作与右腿下刀动作。

（3）右腿单支撑蹬冰动作与左腿收摆腿动作。

（4）右腿双支撑蹬冰动作与左腿下刀动作。

左腿蹬冰动作与右腿收腿、摆腿和下刀动作配合关系：

左腿的蹬冰是向右髋关节方向呈垂直式的纵向侧蹬冰。其方法是左腿冰刀用外刃后三分之一处中间部位着冰，即做前送蹬的侧蹬冰动作。此时，右腿做提大腿（小腿屈）越过左刀，向前展膝关节，伸小腿，刀尖抬起，刀后部着冰，左腿继续蹬冰。

右腿蹬冰动作与左腿收腿、摆腿和下刀动作配合关系：

右腿蹬冰特点与直道相同，右腿冰刀着冰就开始蹬。蹬冰方向正确时，腿部应与身体成 45° 角。开始蹬较快，中间达到最快，并以推弹动作完成右腿蹬冰动作。

左腿冰刀离开冰面时，即开始"收摆下"动作。屈髋，膝部肌肉内收，小腿前迈，冰刀尖抬起，刀后部着冰。在这个过程中，左腿应贴近右腿上抬，并尽量向前做前送动作。这一动作非常重要，可保证右腿的纵向侧蹬冰，防止出现左刀蹬冰时"瘸子步"出现。左腿冰刀以轻便动作自然着冰，刀尖抬起，刀的中后部着冰。其方向是弯道切点方向。只有通过弯道切点才能加长蹬冰距离和滑步长度，这一点十分重要。

2. 臂与腿的配合

右臂前摆时，右腿蹬冰与左腿收摆相对应配合，主要促进身体重心稳定移动。当右腿结束蹬冰和左腿着冰时，右手摆到前高点，与支撑冰刀成四点（鼻子、膝盖、刀尖、切点）一线。当右臂由前高点向后高点摆动时，同时右腿向前"提展落"浮腿动作相配合。此时，左腿进行强而有力的推弹式的蹬冰，起到协调平衡作用。

3.臂、腿与上体的配合动作

臂、腿与上体的配合动作实质是身体重心与蹬冰支点和摆臂相配合，它们遵循着一个运动规律，即重心相对不动，支点左右移动，来达到弯道尽量减少阻力作用，增大推进力作用的目的，获得弯道最佳速度。

（五）进出弯道动作

1.进弯道动作

进弯道动作的任务是为直线滑跑迅速过渡到曲线滑跑创造条件。所以，我们必须重视和研究好进弯道的动作（见图3-9）。

图3-9　进出弯道动作

正常情况下，进入弯道是以直、弯道交接点作为直线和曲线技术的变化点。

首先注意的是进入弯道的第一个下刀点，见图3-10中A点处。在短距离比赛中进入小弯道最佳的方法是选择较大的角度入弯道，其特点是在内道跑道的中间外侧进入小弯道。滑跑速度越快，入小弯道切入点距离直，弯道变路点越远（目前以大弯道内侧进入）。这样因所滑弯道半径由大到小，使运动员容易控制身体平衡，保持重心稳定性，利用好向心力与离心力的平衡作用，掌握好入小弯道最佳滑跑技术。入弯道的下刀点是在直弯道交接点的后方，由右刀下刀，其着冰方向向前与直道平行（见图3-7），而不是向右方，这一点在教学中一定要注意。右刀刀迹前半部在直道上,后半部在弯道上,运动员随右腿冰刀纵向侧蹬冰和身体重力加速度的作用,自然向左倾斜。当左腿冰刀以外刃后三分之一处中部着冰后,进入弯道第一步结束。入大弯道的特点是右腿冰刀下刀点靠近直道(距直、弯道交接点直道平行距离0.5米)。运动员由直道进入弯道以后,就能获得弯道滑跑的曲线运动速度。从图3-11中可以看到,当今速滑运动员在小弯道滑跑走的是逐渐减小半径长度和逐渐增大半径长度的曲线,就是为达到这样目的:在这种曲线上运动时既能利用向心加速度又能利用离心加速度能力,较容易控制好身体重心平衡移动,有利于速度的增加,达到最佳成绩。这条美丽的最佳曲线就是摆线原理在小弯道的运用。进入小弯道曲线是渐屈曲线,出小弯道曲线则是渐伸曲线。

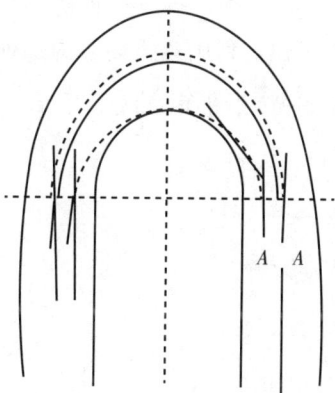

图3-10 进入弯道点

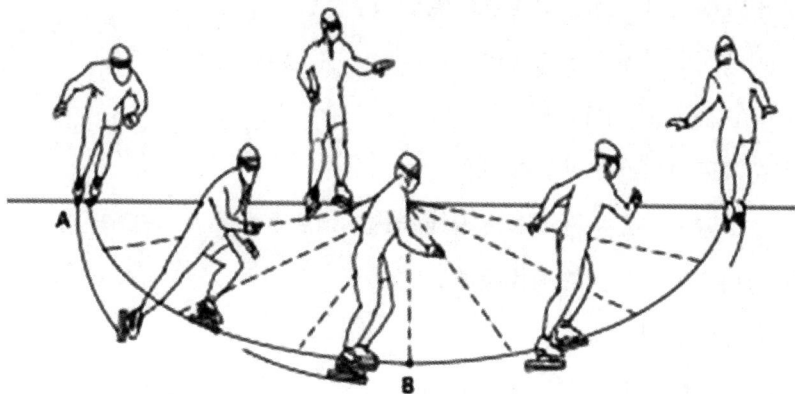

图3-11 弯道曲线

2. 出弯道动作

出弯道的任务是为运动员由曲线滑跑过渡到直线滑跑创造有利条件。出弯道同进入弯道一样，必须选好出弯道的变化点才能使运动员由弯道顺利过渡到直道滑跑。出弯道是以弯、直道交接点为其变线点，这也是由右刀完成出弯道的最后一步。右刀在距离变线点后 5～6 米处下刀，其滑进方向同直道平行。右刀的滑步长度的前一半在弯道区后一半在直道区。右刀下刀点距离分界点平行距离大弯道是 0.5 米，小弯道则是 2.5～4.0 米。当右腿完成单支撑蹬冰时左腿冰刀以正刃后三分之一处中间着冰后就进入直道。出小弯道进入直道区时，身体由于惯性作用要离开雪线到跑道中间滑行或外道线内侧滑行。出大弯道进入直道区时要贴近雪线滑出弯道进入直道。

切记，在整个弯道滑跑中，第一部分是保持由直线获得的速度逐渐建立起正确的弯道滑跑；第二部分是利用弯道向心力加速滑跑获得加速；第三部分是利用弯道滑跑离心力加速度滑进直道区。

3. 滑跑弯道的动作要点

（1）进弯道动作要点。

① 进弯道前应加速摆动两臂 2～4 次。

② 两腿要"盯"住直弯道交接点。

③ 右腿向右前方做纵向侧蹬。

④ 左腿贴近右腿向前着冰。

⑤ 进入小弯道从跑道中间或外侧进入。

⑥ 进入大弯道靠近分界线 0.5 米处进入。

（2）在弯道途中滑行动作要点。

① 在弯道中始终靠近雪线滑行。

② 在小弯道中先是逐渐靠近雪线到达弧顶后逐渐离开雪线滑行。

③ 初用有力、坚实的步伐蹬冰。

④ 后逐渐加速蹬冰。

⑤ 身体倾斜逐渐加大到逐渐减小。

⑥ 快速收腿方法进行弯道中的滑行。

（3）出弯道动作要点。

① 要出弯道前加速摆动右臂 2～4 次。

② 用右腿冰刀完成蹬冰动作。

③ 左腿用"提展落"方法向与直道平行方向下刀着冰。

④ 出弯道后要用"提展落"侧蹬冰大步滑跑。

⑤ 出大弯道贴近雪线滑出弯道。

⑥ 出小弯道利用离心力甩出弯道。

第五节 短道速滑弯道滑跑技术

弯道滑行是短道速度滑冰最重要的技术部分，既要保持高速滑行，又要扣住 8 米半径的弯道。弯道滑行的区段也是体现战术意图的重点区域。经计算得到弯道的最大滑行速度为 1.477 米/秒，不发生侧向倾倒的角度为 1.547°，显然两个数值与实际不符。由于冰刀与冰面之间的最大静摩擦系数 μ_0 值是很小的，它与运动员在弯道上的实际滑行速度所要求的最大静摩擦系数的最小值相比，相差甚远。因此，当运动员滑行到弯道段时，身体必须要向弯道内侧倾斜一定的角度，即利用摩擦角来增大冰刀与冰面之间的最大静摩擦系数，以保证他能够安全快速地通过弯道。如果运动员要以与冰面成 30°左右的倾角在弯道上滑行，只有采用深蹲姿势来降低身体重心的位置高度，否则是无法实现的。运动员与冰面成 30°左右的倾角在弯道上高速滑行是件非常困难的事，稍有不慎，运动员就有可能偏离滑行线路向外侧滑去，这不仅会增大滑行距离，而且还上给对手提供了内线超越的机会。

日本学者通过计算得出这样的数据：以 9.5 米/秒的滑行速度在 8.25 米的半径弯道段滑行中，身体向圆心点的倾斜度及冰刀与冰面的夹角可达 30.60°。以 9 米/秒的速度滑行，身体的倾斜度可达 27.9°。人体与冰面成 27.9°角的状态下做高速运动，可见其难度了。

因此，运动员一旦进入弯道后，必须要借助戴着防护手套的左手触摸冰面，这不仅可以增大人体（冰刀）与冰面之间的摩擦力，更重要的是对身体有一定的支撑作用，使运动员的身体在弯道滑行过程中能始终以适当的倾角保持平衡。运动员在弯道滑行过程中，必须要紧贴弯道内圆弧雪线的切线即最短的滑行路线。因此，他就不可能像在直道上那样，利用蹬冰后身体获得的加速度向前惯性滑进，而是采用左右腿交叉、双腿都向右侧蹬冰的方式前进，只有这样，才能使左右脚着冰时都能落在雪线圆弧的切线上。要使双腿都能向右侧快速、有力地蹬冰，运动员双脚之间不仅要保持最短距离即交叉压步，而且还要采用左肩明显低于右肩的方法来完成左腿的蹬冰动作，这就是运动员在弯道滑行时，左肩低于右肩、左右脚蹬冰的频率要明显高于直道的原因所在。

一、弯道完整技术动作

弯道完整滑跑技术动作结构如表3-2所示。

表3-2　弯道完整滑跑技术动作结构

周期	复步			
时期	单腿支撑	双腿支撑	单腿支撑	双腿支撑
阶段	单腿支撑蹬冰	双腿支撑蹬冰	单腿支撑蹬冰	双腿支撑蹬冰
左腿滑步动作	单支撑蹬冰	双支撑蹬冰	摆腿	着冰
右腿滑步动作	摆腿	着冰	单支撑蹬冰	双支撑蹬冰

二、弯道滑跑的技术特点

（1）弯道滑行蹬冰方向：沿弯道的弧线方向向右蹬冰。

（2）弯道半径较小、惯性速度较快，因此应缩小蹬冰角来增加向心力。

（3）增大蹬冰动作幅度，同时还要加快动作的频率。

（4）滑行中的连续蹬冰，没有单腿支撑自由滑行阶段。

（5）冰刀沿弯道弧线方向滑行。

（6）弯道滑行右腿蹬冰动作幅度明显大于左腿。

三、动作要领

两腿要根据弯道滑行的4个时期、4个阶段、8个动作控制好相互间的配合。为使两腿动作配合协调一致，通常在收右腿时动作速度有所减慢。摆臂动作开始阶段速度略慢并稍加控制，而后则摆动速度加快，使臂与腿的动作节奏一致。左臂保持小幅度摆动或自然下垂，手指轻触冰面。

四、练习方法

（1）两人一组，一人在外侧用布带牵引，沿场地中间进行小圆周慢速交叉压步滑行练习。

（2）采用不同速度进行单、双摆臂交叉压步滑行练习。

五、常见的错误动作及纠正方法

（1）下刀过早致使蹬冰动作过晚。纠正此错误动作可提示练习者早蹬冰或浮腿晚着冰，保持身体平衡及合理的倾斜角度。

（2）单腿支撑滑弧时间过长，造成滑行速度下降或下肢过早出现疲劳等。纠正此错误的方法，可提示练习者在滑行过程中蹬冰与滑弧同时进行。

（3）左臂摆动幅度过大，影响两腿正常滑行节奏，降低滑速和动作频率。纠正上述错误动作通常采用提示，要求练习者左上臂与躯干靠紧，必要时可让练习者在腋下夹一适当器具，做屈伸肘关节的小幅度前后摆动练习。

第六节　速度滑冰起跑与终点冲刺技术

一、起跑动作

起跑的目的是在最短的时间内，由静止状态获得最快速度。起跑动作包括预备姿势和起动、疾跑、衔接和正常滑跑。

当前，国际上比较流行的是接近正面的侧向站立起跑姿势，这种姿势的优点是，首先是起跑姿势比较稳定，身体重心高度适宜；其次减少了蹬冰的准备时间，使蹬冰肌肉群最有效发挥出最佳力量。

1. 起跑姿势

动作过程是在"各就位"口令下达后，运动员要做下列动作：

（1）运动员应在预备线与起跑线之间站好，身体重心位于两刀中间。

（2）身体直立，两臂自然下垂，目视前方，保持身体在"各就位"后的"第一静止"动作状态（见图3-12）。

预备口令下达后，要做下列动作：

① 两腿膝关节和髋关节弯曲，慢慢蹲下，降低身体重心，上体前倾，与水平线成45°角，两刀变成内刃的中部、冰刀后三分之一处支撑身体重心，身体髋部下沉，两腿蹲下。前腿的膝关节尽量前弓，其角度为85°~90°角，后腿关节角度成90°~110°，此时两刀稳定地用内刃咬住冰面。

图3-12 预备位"各就位"动作状态

② 头部与身体成一直线，两眼平视跑道前方。

③ 后臂屈肘为90°~110°角，并后举与肩齐平。前臂屈肘约成90°角，置于前腿膝盖上方，两手放松半握置于身后两侧保持稳定，进入预备位的"第二静止"动作状态（见图3-13）。

国际滑联速滑规则规定，运动员从完成预备姿势到鸣枪之间间隔时间为1秒到1秒5，枪响前，不允许身体有任何移动，否则视为犯规。

图3-13　预备位"第二静止"动作状态

2.起动动作

起跑动作的第一步动作称为起动动作（见图3-14），就是指前腿向前迈出着冰和后腿快速有力蹬离冰面的动作。起动动作做得好与坏，直接决定整个起跑过程是否能够顺利将疾跑转化成滑跑阶段。

（1）在鸣枪后，运动员要准确迅速完成以下动作：

①迅速压蹬后腿冰刀支点，同时，向前提前大腿并伸展膝盖，前踢小

图 3-14 起动动作

腿，使前脚冰刀同前进方向成约45°角，用其刀后部内刃中部着冰。支撑腿将身体向上抬起迅速"弹出"。此后要特别注意两冰刀在冰面做蹬迈式的踏切。

②两臂配合两腿的动作，屈肘做屈臂快速的摆动，以加快蹬冰的速度和维持身体平衡。

③两刀以踏切动作迅速着冰，使冰刀跟落在前方向的中线上。

（2）起动的要点。

①"支移"，即蹬冰造成身体呈平稳移动状态，有利于支点推动重心向前运动。

②蹬迈式踏切有利于蹬冰和前送，保持身体向前稳定移动。

3.疾跑动作

从起动结束起，到正常途中滑跑之前，称为疾跑阶段。

（1）疾跑动作特点：

①抬起上体，保持身体重心稳定地前移。

②由侧后蹬冰逐渐过渡到纵向侧蹬冰。

③下刀着冰角由45°逐渐到正常滑跑角度。

④身体重心由高到低至正常高度。

起跑第一步以后，由于上体的抬起，即由45°角变为50°～70°角。

身体躯干（重心点）和蹬冰腿（支点）成一直线，有利于支点产生推动身体重心最佳的蹬冰力量，这是髋关节肌肉群展开的结果，并为两腿的向前提、展、落提供了空间。在疾跑几步之后，由于速度增加，上体逐渐降低，增加身体重心的稳定性，为衔接创造条件。

（2）疾跑动作过程是：前几个复步采用蹬迈踏切式疾跑，而后转入扭滑式，当达到最佳速度时，转入滑跑式。这种切、扭滑式有利于与正常滑跑的衔接过渡，起跑效果好。

（3）疾跑动作要点：

①冰刀轨迹由短逐渐变长。

②上体由高逐渐降低，直到接近正常滑跑姿势，蹬冰方向由侧后蹬冰逐渐变为纵向侧蹬冰。浮腿逐渐靠拢支撑腿。

③摆臂由屈臂摆动逐渐变为直臂摆动，直至接近正常滑跑的摆动幅度与方向。

4.衔接动作

衔接动作是指疾跑之后，以三步左右的快速收腿靠拢蹬冰腿过渡到正常滑跑段落。

（1）衔接动作的任务是把已经获得的最佳速度运用到途中滑跑中去。在该段落中，利用惯性速度来调整身体重心的位置，以适应途中滑跑所需要最佳姿势。

（2）衔接动作的特点是：支撑冰刀转用先外刃后正刃支撑滑进方式进行蹬冰滑进。当滑进蹬冰的支点巩固了并且和身体重心达到平稳移动就转入到途中滑跑。

二、终点冲刺动作

终点冲刺是全程滑跑最后一个组成部分。其任务是在全程最后区段为保持滑跑最佳速度而采用合理动作。运动员到达终点前的区段中已处于比较疲劳状态，这时运动员要根据个人体力情况，适当改变滑跑姿势的高低和冲刺段落的长短，并以顽强的意志发挥身体潜力，冲向终点。在冲刺过程中，为提高速度，采用双臂摆动来提高滑跑频率和缩短蹬冰时间，注意浮腿"收摆下"动作低收快摆，靠近支撑腿和纵向侧蹬冰，从而保持身体重心平稳移动，达到少降速来完成比赛。并用箭步式"提展落"送刀的方法触及终点线来完成最后冲刺动作。其动作的关键要点是：除最后一步支撑腿用力快蹬冰外，浮腿大步式快速前弓动作保持其刀尖迅速前伸，触及终点线。注意冲刺时最后一步触线冰刀不能提起（抬起），否则犯规。

第七节　短道速滑起跑与终点冲刺技术

一、短道速滑起跑技术

起跑是滑跑的开始，起跑的任务是使运动员在尽可能短的时间内，达到个人项目最高滑跑速度。起跑完整技术动作是由起跑姿势、起动、疾跑和衔接四个部分构成。

1.动作要领

练习者面对滑跑方向，两脚冰刀呈 V 字形，左脚冰刀与起跑线垂直，左右脚两刀之间小于90°，两臂自然弯曲下垂。

2.练习方法

（1）在陆地或冰上，按"各就位"口令做好直立起跑姿势。

（2）在练习（1）的基础上，练习两肩和两臂的放松动作以及体重均匀地置于两腿之间，两刀咬住冰面，保持静止不动。

（3）"预备"口令下达后降低身体重心并略向前移，但要注意不能将大部分体重移至前脚冰刀。

3.常见的错误动作及纠正方法

（1）"各就位"动作，两刀开角过大或过小。

（2）身体重心位置处理不当，冰刀咬不住冰面，并有滑动现象。

（3）"预备"口令下达后，身体重心下降过快，保持"预备"静止姿势时间过短，鸣枪前改变动作姿势。

二、短道速滑冲刺技术

冲刺技术是滑跑的最后阶段，是决定名次的关键阶段。

1. 动作要领

以送刀式终点冲刺技术为例，在接近终点的滑行过程中，将身体重心放在有利于克制对手一侧的腿上，异侧腿迅速前伸，力求保持身体平衡冲过终点。

2. 练习方法

（1）滑行过程中根据哨音或信号迅速冲刺。

（2）滑行过程中利用不同速度、不同人数、不同位置的滑跑路线进行冲刺练习。

（3）练习者按水平编组，选择合理的冲刺路线进行冲刺练习。

3. 常见的错误动作及纠正方法

（1）在终点冲刺过程中，最常见的错误动作是动作变形，失去重心或有意改变滑行路线。纠正上述错误动作通常采用根据哨音或信号进行短距离冲刺练习，并结合短语提示，如"加快频率""保持优势位置""注意观察后面队员的速度、位置和路线变化""选择合理路线"等。

（2）动作幅度超出技术规范，违犯规则。克服此错误的方法主要是不断强化技术规范和理解竞赛规则。

章节思考题

1. 速度滑冰直道滑跑分为哪几个部分？

2. 简述速度滑冰弯道技术特点。

3. 简述短道速滑弯道滑跑的技术特点。

4. 简述短道速滑起跑常见的错误动作及纠正方法。

第四章　速滑运动技术教学

第一节　速滑技术教学理论

俗话说，良好的开端是成功的一半。多年速滑教学实践研究发现：正确的支撑滑行是速滑教学的基础；蹬冰是速滑教学的重点和难点；在冰面滑跑时保持重心平稳移动是速滑教学的关键。

速滑教学除了具备其他运动项目技术教学的特点外，因受场地、气候、器材的影响制约，教师在教学中尤其要注意贯彻"精讲多练"的教学原则。其教学顺序可以总结为：

- 先陆上，后冰上。
- 先站立，后行走。
- 先支撑，后滑行。
- 先行走，后滑行。
- 先慢滑，后快滑。
- 先高姿，后低姿。
- 先直道，后弯道。
- 先双脚支撑蹬冰滑行，后单脚支撑蹬冰滑行。

一、正确的支撑滑行是速滑教学的基础

什么是正确的支撑滑行呢？从图4-1速滑冰刀鞋后位可看到，速滑运动

时，身体重心投影点通过冰鞋和冰刀正刃中间，从侧位或上位所见身体重心的投影点通过冰刀后三分之一处（见图4-2）。这就是正确的支撑。当速滑运动用正确支撑即用冰刀正刃中后部着冰滑行时，就是正确支撑滑行。它是达到学会滑冰，进一步提高滑冰技能，达到终身受益的最佳手段。

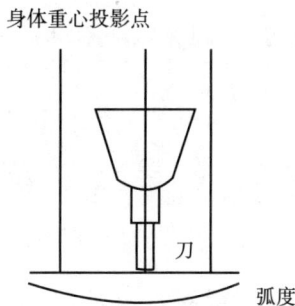

图4-1　速滑冰刀鞋后位

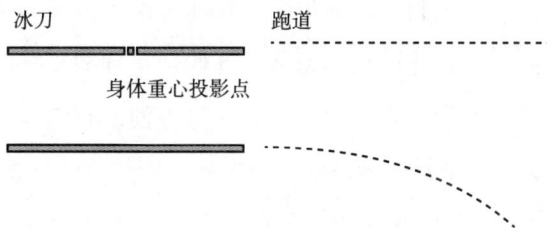

图4-2　滑行投影点

二、蹬冰是速滑教学的重点和难点

蹬冰和自由滑行是速滑运动的基本动作。保持速度的主要动作是蹬冰，蹬冰是速滑运动的动力源泉（单支撑蹬冰从力学角度而言，和双支撑蹬冰方向具有共性的同时还具有本质的区别）。单支撑蹬冰是利用重力（体重）做有效蹬冰动作，而双支撑蹬冰主要是利用腿部力量加速完成蹬冰动作，因此说蹬冰是教学重点。

多年的研究发现，蹬冰的方向是速滑的关键因素之一。蹬冰方向与滑跑方向成直角。以往人们仅关注了蹬冰过程的一点，而忽视了整个蹬冰过程。俄罗斯人重视横向侧蹬冰过程，而美国人注重纵向侧蹬冰过程。实际上新型冰刀就是在结束蹬冰时采用近似于纵向侧蹬冰来完成滑跑技术动作的。

三、滑跑时保持重心平稳移动是教学关键

20世纪80年代，荷兰速滑专家经过多年研究发现，保持身体重心平稳移动是速滑技术的关键之一。关于这一点，我们用一个简单实验就能说明：将田径鞋和冰鞋同时放在冰面上，田径鞋不会倒，而滑冰鞋会倒下。滑冰运动由于支撑面较小，属于不稳定平衡，因此保持身体重心平稳移动是速滑技术关键。

第二节　针对速滑初学者教学的方法和内容

一、选择最佳的初学者教学顺序

能够灵活地在冰上控制冰刀的学生，其冰上滑跑技术的掌握和进步就很快。为提高滑行能力，首先要从熟悉冰性开始。正确的支撑与行走是滑行前的第一步，即掌握冰性的重要初始。为了学习方便，我们经过多年的教学实践，总结出初学者直弯道混合教学的组合动作，即站立、行走（左右交叉走、向左交叉走、向右交叉走、蹬步滑）。同时这几个组合动作又突出了直弯道动作混合在一起。在有条件的学校可以采用多种冰刀（传统速滑冰刀、新型冰刀、花样冰刀、冰球冰刀、短道冰刀）和轮滑混用的组合教学方法。采用多种冰刀的教学手段，可以使学生掌握多种滑冰技能，为终身进行滑冰和轮滑运动打下基础。

将直弯道初学者的动作混合在一起，同多种冰刀和轮滑混用的组合教学滚动在一起的教学过程，我们称滚动式教学法。它的益处是：① 用一种方法教，用各种冰刀练习，可以引起学生兴趣，调动学生积极性；② 用最短的时间学会直弯道动作；③ 今后可以用各种冰刀从事冰上和轮滑运动。

二、选择最佳停止法

1. 犁状停止法

在滑行中身体臀部呈后坐姿势，两膝内扣，两刀尖向内，用两刀跟内刃

慢慢擦冰面将身体停止。

2. 刀跟停止法

在慢速滑行中，将身体重心后移，变成一腿单脚支撑滑行，另一腿将刀尖抬起，用刀跟擦压冰面的姿势使滑行停止，这种方法容易破坏冰面。

3. 转体停止法

滑跑中身体向左或向右转体90°角，同时身体重心后移，用左刀外刃右刀内刃或右刀外刃左刀内刃（两刀平行）后部急剧压冰面，使滑行停止。

三、安全摔倒法

每一个人滑冰者都应学会摔倒后的自我保护方法。当摔倒时应该有意识地迅速屈膝蹲下降低身体重心，采用团身侧倒的方法，其原因是身体重心离冰面越低，重力加速度越小，团身以后身体滚动着冰阻力小，其反作用力也小，身体不易出现外伤。不能身体后仰摔倒，易伤头部。

第三节　速度滑冰滑跑技术教学规律

在学习速滑基本技术时，必须有一个正确的技术理论加以指导，才能有一个良好的技术教学过程，使学生用最佳的时间，更好、更快地掌握速滑技术。这一教学过程应当遵循教育学的教学原则、符合学生身体的生理特征和运动学规律和原理，这样才能够取得最佳教学效果。

学生在学习掌握速滑技术时，一般经过如下三个阶段：

——粗略掌握阶段（初学、泛化阶段）。

——改进提高阶段（掌握、分化阶段）。

——熟练巩固阶段（提高、自动化阶段）。

（1）初学、泛化阶段：由于人体大脑皮层兴奋过程扩散，处于泛化状态，内抑制尚未建立，对技术动作的各环节认识不清，条件反射建立很不稳定，控制动作能力较差，往往出现错误动作，这是初学阶段的正常现象。这个阶段只要求掌握一般正确支撑滑行动作就达到了教学的目的。

（2）掌握、分化阶段：是建立在初学基础上，对技术有了一定的了解和认识，通过反复的技术练习，使技术动作完成趋于合理化，使技术动作比以前更协调连贯。但由于此时使人体大脑皮层的神经通路处于分化阶段，滑跑技术动作会有时好时坏的现象，只要继续加强训练，就会取得更好的效果。

（3）提高、自动化阶段：是教学过程动作形成的最后阶段。通过前两个阶段的学习，人体的大脑皮层已建立起对动作较稳定的条件反射。这个阶段应加强完整技术的练习，即达到滑跑蹬冰技术的自动化程度，并使神经兴奋过程高度集中，内抑制巩固，动作性稳定，而且轻松自如。

第四节　短道速滑滑跑技术教学规律

一、6—9岁发育特点、训练目标

（一）发育特点

在人的生长发育过程中，存在着一系列身体形态和生理功能方面的变化，其中有两个最基本的概念——生长和发育。生长和发育是朝着一个方向不可逆地进行着，身体各器官的发育速度不均衡，随着年龄的增长，人体神经和体液功能调节的性质发生改变，体内物质代谢和能量代谢之间的关系也在发生着变化。6—9岁的儿童具有活泼好动、注意力不易集中、自我控制能力较差的性格特征。当他们对某事物产生兴趣时，可长时间持续关注事物的发展变化；当他们感到厌烦或者疲倦时，会分散注意力进而难以控制情绪。根据此阶段儿童身心生长、发育特点，应使儿童初步了解短道速滑项目规律及特点，重点培养和激发运动员对短道速滑运动项目的浓厚兴趣。

（1）一般特点：生长发育相对缓慢，性别差异不显著。女子从8岁，男子从9岁起身高有明显加快增长的趋势。

（2）骨骼关节特点：软组织多，骨组织内的水分和有机物较多，无机盐少，骨骼弹性好，不易折断，但坚固性差，易弯曲。关节面角度大，关节面的软骨厚、关节内外的韧带较松弛，所以要抓紧此阶段运动员的柔韧性练习。

（3）肌肉特点：收缩能力弱，耐力差，发育顺序为躯干肌先于四肢肌，屈肌先于伸肌，上肢肌先于下肢肌，大肌群先于小肌群。

（4）心血管功能特点：心脏发育不完善，心率较快，收缩力弱，血管发育早于心脏，血压较低。

（5）呼吸功能特点：呼吸肌力较弱，肺活量小，呼吸频率快，呼吸表浅。

（6）神经系统特点：与其他系统相比较，在结构和机能上都发育较早、较快，因此，与神经系统有关的训练内容都应该及早安排。此阶段运动员大脑发育迅速，神经活动不稳，兴奋占优、注意力不集中，在训练内容上应该突出基本技术训练。

（二）训练目标

由于此阶段是儿童接触短道速滑运动的起始阶段，所以，此阶段的专项内容应以基本滑行姿势的传授为核心。通过学习与训练使儿童对短道速度滑冰项目与技术有清楚的认知，在其头脑中建立清晰的运动技术概念，准确地掌握短道速滑基本滑行技术要领，并能够熟练地运用和完成此项技术，初步形成一定的运动技能，建立规范的运动技术定型，为下一阶段更进一步地提高运动技能和竞技水平打下坚实的基础，为培养出优秀的运动人才做好准备工作和提供必要的保障。

身体素质是技术动作高质量完成的必要前提，根据此阶段儿童身体生长发育特征及短道速滑运动项目特点，采取适当的方法和手段促进身体形态的健康发育，全面培养儿童的综合素质，侧重地发展专项运动能力。通过讲授让儿童理解在运动过程中安全的重要性，建立安全及自我防护意识。充分了解伤病发生的原因，掌握有效的预防方法。

（1）掌握短道速滑基本滑行技术要领。

（2）规范运动员的技术动作。

（3）使运动员建立初级的技、战术能力。

（4）发展协调性、灵活性、柔韧性等一般身体素质；培养速度、灵敏等专项运动素质。

（5）以竞技类游戏形式组织训练，通过多变化、多手段训练方法，使运动员产生积极的学习兴趣。

（6）提高运动员的应变能力，建立初级的抗干扰能力，培养运动员坚韧的意志品质。

（7）逐渐提高运动员有氧代谢能力。

二、10—12岁发育特点、训练目标

（一）发育特点

（1）一般特点：运动员的身高、体重、胸围三项总体指标随年龄的增长而增加，运动员在此阶段多数增长速度较快，可视为突进增长期，个别指标有的提前或推后一年。

（2）骨骼关节特点：总体表现为软组织多、无机盐少。关节面角度较大，关节面的软骨较厚。

（3）肌肉特点：肌长度相对较大，但肌肉发育较差，体重及其指数偏小，与正常人相比偏细长。在此期间应该多安排发展力量耐力的训练，通过小负荷，特别是克服自重的练习，使全身肌肉力量耐力得到发展，增加肌肉中毛细血管和肌肉肌红蛋白的数量，改进输氧功能，为以后提高无氧负荷能力奠定基础。

（4）心血管功能特点：心脏发育有所完善，心率较快，收缩力较弱。

（5）呼吸功能特点：呼吸肌力进一步加强，肺活量有所增加，呼吸频率较快，呼吸表浅。

（6）神经系统特点：神经系统较为活跃，是加强协调能力和反应速度训练的最佳阶段。

（二）训练目标

1. 阶段目的

根据运动员生长、发育规律、特点和生理发育特征，进行较全面的基本技术意识训练，对短道速滑项目的技术、战术特点有着较全面的认知水平，学习和掌握相对完整的技术、战术和对系统训练的适应性。不断启发运动员对短道速滑训练的兴趣和对比赛的渴望，激发他们潜在的运动能力。

2. 阶段任务

（1）在全面提高身体素质基础的同时，不断提高有氧代谢能力，重点发展和提高专项基本功、基本技术、基本战术，强化核心技术的形成（支撑与蹬冰技术）。

（2）根据敏感期的特点优先发展灵敏、柔韧、协调和小肌肉群力量，强化神经系统的协调发展，尤其是各种运动技巧的发展。

（3）加强以下五个方面的培养与提高：

① 完成动作时，协调、连贯、轻松自如，准确合理。

② 培养运动员完成动作时的速度感、节奏感、时间感和空间感。

③ 技术动作稳定性高，即使在有干扰的情况下也能保证各速度完成动作的能力。

④ 培养运动员掌握用最简单有效的做功形式完成最快的肌肉收缩。

⑤ 提高完成技术动作的用力时间、用力顺序、用力方向和角度。

3. 冰上方面

（1）掌握弯道左、右脚单脚支撑与"打弧"技术。

（2）熟练掌握直道单、双脚曲线滑行技术。

（3）掌握直道左、右脚，单脚内、外刃变刃滑并能掌握单双脚S形滑跑技术与技巧。

（4）掌握各种线路进、出弯道的滑跑技术。

（5）掌握正确的起跑技术和起跑入弯道技术。

（6）在比赛中较熟练地应用各种滑跑战术。

（7）逐步进行乳酸耐力训练。

（8）学习并掌握接力技术。

4. 陆地方面

（1）全面提高反应速度、动作速度、起动速度和位移速度。

（2）发展核心力量，并且促进各种爆发力的提高。

（3）发展有氧耐力并逐步发展乳酸耐力。

（4）全面发展专项肌肉力量和专项能力。

（5）发展并提高柔韧性、灵敏性、协调性。

（6）全面提高各种专项模仿技术动作的规范性。

三、13—15岁发育特点、训练目标

（一）发育特点

（1）一般特点：进入青春期，生长发育加速，性别差异凸显，女子各器官发育早于男子1~2年。短道速滑运动员男女间发育的趋势对比与普通青少年基本一致，但是显著差异出现的年龄较早，差异随年龄的增长逐渐增大。可以说明，运动训练未能明显改变发育的总趋势，但在运动的影响下，差别的显著性更为突出。

（2）骨骼关节特点：骨骼生长发育较快，身高、体重明显增加，骨骼承担负荷较弱，易出现骨骼损伤。

（3）肌肉特点：肌肉蛋白合成能力加强，肌肉体积和力量增长速度加快，关节柔韧性在此阶段出现快速下降。速度力量的发展比绝对力量的发展早，13岁以后男女增长速度有明显区别，男孩增长得快，女孩增长得慢。力量耐力的自然发展趋势较为稳定，男孩呈直线上升趋势，女孩13岁以后增长速度缓慢，14—15岁甚至出现下降。男子多在16岁左右，女子多在15岁左右进入腰腹肌力量、柔韧、一般耐力的突增期。运动员可以根据以上肌肉发育特点进行一些速度力量训练，但不可以过早进行大力量训练。

（4）心血管功能特点：男子血管发育慢于心脏发育，女子心血管功能发育进入稳定期，接近于成人水平，青春期血压增高。

（5）呼吸功能特点：呼吸肌力量加强，摄氧量显著增加，耐力水平增长进入快速增长时期。女孩14—16岁时，速度表现很不稳定，有时还可能低于14岁以前的速度。通过合理的耐力训练可以使青少年的心脏容积增大，每搏输出量增加，最大摄氧量提高，呼吸频率减少，心率稳定，恢复能力提高。

（6）神经系统特点：大脑皮质功能加强，分析综合能力显著提高，精确动作能力显著提高，联想、推理能力提高。

（7）生殖系统特点：女性出现月经来潮。

（二）训练目标

1.阶段目的

根据13—15岁青少年生长发育特点，着重发展运动员的身体形态与技能，培养和激发运动员学习和训练兴趣以及运动员坚强的意志品质，掌握基本技术的教学和训练方法，促进一般身体素质和专项技能的全面发展。

2.阶段任务

此阶段应巩固和发展各项技能基础，培养兴趣和为本项目献身精神，技术练习的重要性必须贯穿于全年，发展有氧训练的同时突出无氧阈和混氧训练是发展心肺功能的好方法，结合一定的无氧训练，达到这一阶段的训练高峰。

四、16—18岁发育特点、训练目标

（一）发育特点

（1）一般特点：生长发育过程相对缓慢、稳定阶段，女子发育停滞，男子仍有一定的发展空间。由于围度和体重增加体型较为丰满，使体型呈现典型的中间状态。短道速滑运动员身体形态发育特点：其大、小腿围度，大、小腿围度与身高之比，不但比非运动员大，而且比大多数运动项目的运动员大。

（2）骨骼关节特点：下肢骨骨化由加速逐渐至完成，脊柱椎体骨化趋向完成，因此，骨骼长度发育基本停止。运动员可以逐渐增加大负荷量和大负荷强度的训练。

（3）肌肉特点：肌肉横向增长较快，小肌群迅速发育，为肌肉力量增长最快时期。关节柔韧性随力量增长而降低。

（4）心血管功能特点：心血管发育趋于平衡，功能稳定。

（5）呼吸功能特点：摄氧量增加放缓。

（6）神经系统特点：大脑皮质分化能力较强，反应迅速，易于掌握高难动作，抽象思维能力较强，反应速度开始出现峰值。

（二）训练目标

1.阶段目的

随着世界短道速滑运动的发展，国际赛场小龄化已经成为一个普遍现象。所以，在这个年龄段的运动员要开始逐步适应专业化训练和提高对器材控制能力，逐渐加大训练量和训练强度，改进和提高整体技战术水平。培养运动员勇于克服困难的决心和顽强坚定的意志品质，树立强烈的集体观念，发扬团队合作精神，激发和培养运动员为国争光的责任感。

2.阶段任务

（1）加大专项负荷量和训练的强度，不断提高身体机能专项身体素质。

（2）在正确掌握各项技术环节的基础上，进一步改进在高速滑行中的技术细节，纠正错误多余动作，找到符合个人特点的滑行幅度和节奏，加强动作协调性。

（3）在熟练掌握各项基本技战术的基础上，不断提高实战能力，使运动员能够自己拟定比赛战术方案，提高对临场突发情况的应变能力。

第五节　速滑运动教学方法及手段

一、速滑运动的教学方法

根据学生学习和掌握速滑基本动作技能的规律及运动原理，在不同的教学阶段采用适当的教学方法和手段，才能符合教育学、生理学的特点，达到学习和掌握基本技术的目的。速度滑冰实践课是由动作示范、讲解、学习滑跑技术、教师观察、动作分析、纠正错误、技术评定、成绩考核、多媒体教学等手段构成的。由于对象不同、条件不同，完成同样内容存在一些差异。为此，教师必须本着改革创新的精神，系统科学地进行安排。在方法上坚决克服传统经验中的不良做法，要大胆地采用以"三论"为指导思想的先进方法和手段，力争做到理论与技术的统一。

通常，在速滑教学中采用分解教学法和完整教学法两种，经过教学研究和尝试，我们提出程序教学法和发现教学法，并且在教学实践中应用，取得了较好的教学效果。

（一）分解教学法

在速滑技术教学中，根据速滑运动特点，把完整的技术动作合理地分成若干部分，先进行基础部分教学，再进行重点部分攻克难点、掌握关键，最后将各部分连接起来，掌握完整技术，这种教学方法称为分解法。这种教学方法，可根据速滑动作结构，将技术分解成若干环节，使动作简单、易于学生学习和掌握。同时，可使学生在学习技术动作时有信心去完成一个技术环节，达到最终掌握完整动作的目的。比如，直接让学生滑冰，学生不会，就会摔倒，而将完整的滑冰动作分解成站立、行走、左右猫步走、向左交叉走、向右交叉走、蹬迈技术环节进行教学，让学生一个一个环节进行，学生很快就会通过学习基本掌握滑冰动作。

（二）完整教学法

在速滑技术教学中，以完整技术动作练习为主的教法称为完整教学法。在速滑技术教学中，尽量使用完整教学法，因为可以保持技术动作的正确性和完整性，使正确动作连续自然有力，尽快掌握滑跑动作。速滑无论直道弯道技术动作都是由周期性的动作环节组成，不宜划分成单个技术环节让学生去练习。特别当今速滑技术本身已经具备了自然走跑时形成的技能，因此学生对现代速滑技术动作的学习，通过学习—练习—改进—提高，就可以取得最佳的教学效果。

在使用完整教学法时，教学过程一开始，学生并不能把完整技术动作做得很正确。因此，需要把完整技术教学有目的地分成阶段，逐步改进和提高主要环节的技术动作，使完整技术不断得到强化和提高。

（三）程序教学法和发现教学法

程序教学法是将速滑教学过程按设计好的程序一步步执行，如遇到某一步程序目标没有完成，则通过反馈信息退回到上一步程序中，采用其他辅助手段进行补救，否则，不能进入下一教学程序。这种教学对学生理解整个技术的教学步骤、提高自我控制能力有一定好处。

发现教学法是在教学过程开始时，找出学生学习速滑技术方面可能遇到的一些问题，交给学生，让学生带着问题去练习。一方面在练习中找到问题的答案；另一方面，让师生共同发现新的问题，在实践中再找答案。这种教学方法的好处是，能够使学生主动积极参与教学过程，有意识地学习，对提高学生的能力大有好处。

二、速滑运动技术教学手段

速度滑冰从20世纪50年代起就成为我国北方高校冬季冰上教学内容之一。多年来，广大教师结合滑冰运动项目特点，探索出一整套较为系统的速滑教学方法与手段。近些年来，由于国民经济的飞速发展、教学场馆的修建和办学条件的改善，教学改革也势在必行。作为对教学起主导作用的教师，要适应新的教育形势，找出适合当代的教学方法与手段。经过几年实践，我们总结出以多种冰刀对初学滑冰者进行组合教学的手段，使教师真正起到了主导作用，学生主体体验到滑冰的乐趣，在教学中收到初步成效。

这一教学手段主要是依靠冰刀最佳弧度来完成。当今花样、冰球、传统速滑和新型冰刀弧度都具有这样的"特殊功能"。

多种冰刀混用组合教学方法的教学顺序如下：直、弯道站立练习手段组合—直、弯道行走练习手段组合—直、弯道交叉走练习手段组合—直、弯道蹬迈滑练习手段组合。

（一）站立练习手段组合

原则：首先让学生明确刃的概念，即正刃、内刃、外刃，以便今后学习滑冰动作时更好地运用。接着让学生体会用各种冰刀正确支撑身体重心的方法——在两刀平行条件下，新、旧速滑刀用脚后跟（冰球和花样冰刀用脚后部），用各种冰刀正刃（或外刃或内刃）中间后三分之一处支撑身体重心。

直、弯道站立动作由五个练习手段组合：

① 两刀平行左刀正刃右刀正刃站立。

② 两刀平行左刀正刃右刀内刃站立。

③ 两刀平行左刀内刃右刀正刃站立。

④ 两刀平行左刀外刃右刀内刃站立。

⑤ 两刀平行左刀内刃右刀外刃站立。

教学实践中发现，上述五种练习手段对冰球和花样刀的练习设计正确，但对传统速滑刀和速滑新型冰刀，练习手段多了一种。

（二）行走练习手段组合

原则：

① 要让学生建立用两冰刀正刃、内刃和外刃平行走的理念，保证人在冰上像火车在轨道上行走一样稳定。

② 两手侧平举尽量保持身体的稳定性，行走不摔跤。

为此，找到冰上走与陆地上行走的不同点是抬刀尖、刀后部压在冰面并向前推着走。经过多年的教学实践证明：采用以下组合手段练习，学生几乎很少摔倒。

练习要点：

① 两刀平行左刀正刃右刀正刃行走。

② 两刀平行左刀正刃右刀内刃行走。

③ 两刀平行左刀内刃右刀正刃行走。

④（向左转弯）两刀平行左刀外刃右刀内刃行走。

⑤（向右转弯）两刀平行左刀内刃右刀外刃行走。

从五种练习手段来看，就是站立练习动作的难度提升了，由原地支撑身体重心到推着重心向前行走，其难点是容易运用陆地上走的动作，即抬脚后跟。针对这个问题，我们研究出将陆上抬脚后跟改为抬脚尖，用脚后跟的冰刀后部拖在冰上向前推送身体保持身体像陆地走一样，头不动，两眼目视前方，两臂侧平举像走钢丝绳一样保持身体的平衡。当完成五个练习手段后，学生会感到容易、简单，很容易就走稳了，几乎很少有摔倒的现象。

（三）交叉走练习手段组合

原则：要求基本同行走组合练习，所不同的是向前移动身体重心支撑面延长了。

通过交叉走帮助学生克服害怕心理，为直道向前迈步和弯道交叉步打下基础。此练习组合可谓"一举三得"。

交叉走的动作组合由三种练习手段组成。

① 左右交叉走：方法是两刀正刃交叉平行直线走。

② 向左交叉走：方法是左刀外刃右刀内刃交叉走，过程是2人一组，开始由一个人围着另一个人走圆；接着3人一组，2人围着另一人走圆……逐渐扩大圆周半径。

③ 向右交叉走。左刀内刃右刀外刃交叉走圆，过程是2人一组，开始由一个人围着另一个人走圆；接着3人一组，2人围着另一人走圆……逐渐扩大圆周半径。

不会滑冰的学生通过上述练习胆子大了，敢向前迈步了，以前会滑冰的同学十几分钟就学会了小圆周弯道滑行的交叉滑行，大多数学生增强了信心和兴趣，学习热情也高了，全身心地投入到蹬迈滑组合练习中去。

（四）蹬迈滑练习手段组合

原则：首先建立起支撑腿冰刀纵向侧蹬冰正确概念，同步建立浮腿迈步着冰的正确概念。通过以下直弯道蹬迈的练习，可一步到位完成两腿动作的配合，解决传统初学者教学中不能利用"体重蹬冰"难题，缩短了初学者学习时间，使学生顺利学会用多种冰刀进行滑冰。蹬迈滑组合动作是按照直、弯道混合路径进行的。

① 直道蹬迈滑：练习方法是浮腿直接收腿靠拢支撑腿，支撑腿冰刀用内刃中部及脚后跟向前送侧蹬冰，与此同时浮腿脚向前迈，将脚尖抬起用冰刀后部正刃中间后三分之一处着冰。

② 弯道蹬迈滑：先向左方练习蹬迈滑，后向右方练习蹬迈滑。

方法是：

① 原地练习。当学生在做两刀交叉时，教师扶住学生支撑腿左（右）冰刀的脚后跟，让学生体会脚后跟推着冰刀向前滑行的感觉；然后让学生在滑行中体会左（右）冰刀向前推着身体滑进的感觉。

② 利用体重蹬冰一直是初学者很难解决的问题，用上述手段通过轻扶身体或冰球板扶走1~2周（冰球场地），80%的学生都能滑起来；对滑不起来的同学采用同蹬同收、蛇形滑等体会冰刀纵向侧蹬冰感觉，几乎3节课以后都建立了直、弯道正确支撑滑行，使几乎所有学生都能滑起来。经过10次课后学生都学会了利用各种冰刀进行直、弯道滑行。

三、速滑运动技术教学方式

在速滑运动技术教学过程中，通常采用讲解、示范、提示、提高、考试等五种方式。速滑教学在寒冷条件下进行，因此，要突出教师精讲，学生多练的原则。讲解技术时要突出重点、要点，贴切学生动作实际。示范技术动作时，要有目的突出主要技术环节，选择合理位置、示范时机及示范方式。对学生学习技术动作练习时的提示，要根据学生在练习中的情况提示主要注意的动作，采用的语言应简单明确。提问是速滑技术教学中不可忽视的教学方式，通过提示使学生能够思考所学过的知识，做到练与思结合，达到提高教学效果。速滑考试一般分为理论考试、技术评定考试、技术成绩达标考试三种。根据不同时期培养目标，三种考试的比例不同，当学期结束给予综合评定分数。

第六节　速滑运动陆上基础教学

陆上基础教学是速滑技术教学的重要组成部分。此类型教学其目的是在陆上多次进行近似冰上实际滑跑动作的学习和练习，从而在陆上形成正确的滑跑姿势，为以后的冰上教学阶段奠定良好的基础。

一、冰上动作的陆上诱导动作

（一）陆上直道动作

1.陆上的箭步姿势（见图4-3）

动作要领：上体前倾，一腿弯曲，膝关节弯曲角度90°～110°，肩稍高于臀，身体重心投影线通过脚后跟中部，躯干呈流线型，即团身；另一腿在侧位伸直，两脚平行；两臂手互握背手、抬头，面部与水平成45°角，两眼平视前方。

练习方法：

（1）动协练习。

（2）屈步走。

（3）左右交叉步走或跳。

以下采用的诱导动作、平衡动作、模仿动作都是在上述箭步姿势基础上进行的。

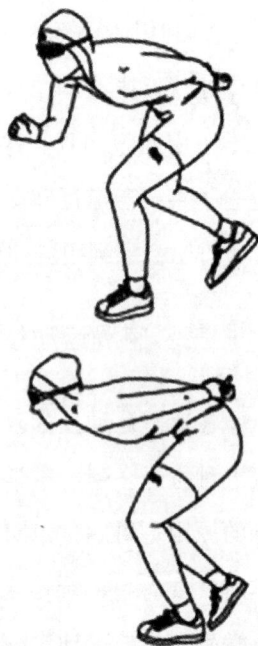

图4-3　陆上的箭步姿势

2. 单脚收回或侧出（见图4-4）

图4-4　单脚收回或侧出

动作要领：一腿支撑、另一腿侧出，收回到支撑脚旁再侧到原位。

要求：

（1）重心处在脚中后部，单脚收回与侧出。

（2）收回时脚尖贴地面，收到支撑脚旁，抬脚尖脚后跟着地。

（3）侧出腿的脚后跟向前纵向发力，全脚内侧轻擦地面向侧推出。

3. 单脚平衡与摆腿（见图4-5）

图4-5　单脚平衡与摆腿

动作要领：箭步姿势开始，一脚向前迈出并支撑身体，另一腿自然后拉，稍有停顿，前提大腿，展伸膝关节，下落小腿，以其脚后跟着地支撑身体重心反复练习。

要求：

（1）重心在脚后跟上。

（2）后拉腿的大小腿角度成直角，脚尖垂直地面。

（3）前摆腿时脚尖要贴近地面，展膝、前踢小腿时脚尖抬起。

（4）着地脚用脚中后部。

4. 脚着地与双支撑平衡（见图4-6）

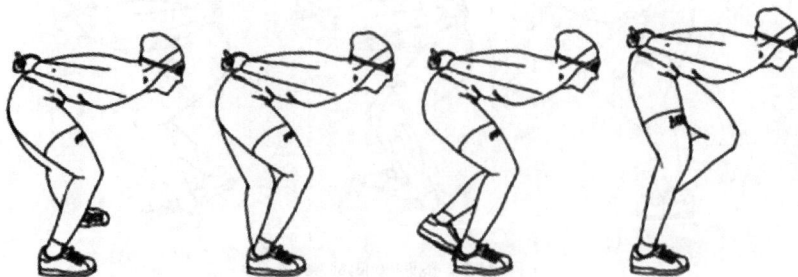

图4-6　脚着地与双支撑平衡

动作要领：由箭步姿势开始，一只脚向前迈出并以脚后跟的中部滚动式着地，在这个过程中与其对应的另一只脚向身体的侧前方推出，是双支撑平衡箭步姿势。

要求：

（1）重心在支撑脚后跟中部。

（2）侧出脚与着地脚的动作应同步进行，可培养冰上早蹬意识。

（3）侧出脚用脚后跟发力纵向侧蹬地。

5. 综合动作（见图4-7）

图4-7　陆上直道综合动作

（二）陆上弯道动作

弯道上身体的姿势基本与直道相同，不同之处是直道用脚底面支撑身体重心，而弯道则是左脚用脚外侧、右脚用脚内侧支撑身体重心，身体呈向左倾斜状态。

1. 左支右侧出与收回

动作要领：身体呈左倾斜姿势开始，左脚外侧支撑身体，右脚内侧纵向侧出，稍有停顿再收回到左脚旁。

要求：

（1）用侧出右脚内侧的脚后跟向前送推出。

（2）左脚必须用脚外侧中面支撑身体重心。

（3）收回时两脚平行并拢。

2. 右支左侧出与收回

动作要领：呈左倾斜开始，右脚向左脚前迈出——脚是交叉姿势，同时，左脚从右脚后向身体右前侧送出，蹬地后直接收回到右脚旁。

要求：

（1）右内侧和左外侧面支撑身体重心。

（2）交叉时，左脚向前送出。

（3）左脚不用蹬直。

（三）模仿动作

1. 直道模仿动作（见图4-8）

"重不动支动"的模仿动作要求：

（1）右浮腿做内收。

（2）浮腿收靠支撑脚。

（3）向前做展膝踢小腿动作。

（4）重心前移。

（5）同步左腿后前侧出并蹬直。

（6）左浮腿内收。

（7）左浮腿经过右支撑腿展左腿膝，前伸踢小腿。

（8）向前移动身体重心；同步左脚向前蹬直呈新的箭步姿势。

图4-8　直道模仿动作

2. 屈腿走（见图4-9）

动作要领：从蹲屈姿势开始，浮腿接近地面向前踢小腿，同时支撑腿后蹬，推动上体向前稳定移动。当后腿向前收回时，其脚尖要贴近地面向前收摆用鞋后跟着地。

图4-9　屈腿走

要求：

（1）上体团身前屈，与冰上相同。

（2）两肩、臀部保持平稳，与地面平行。

（3）在练习中要求练习者两眼目视前方（因为两眼是人的平衡器，它稳定，身体就稳定）。

（4）由前脚掌和脚尖结束蹬冰动作。

（5）蹬伸后，将这条腿贴近地面低位收回前送。

（6）浮腿前送时展膝落小腿，可保证上体稳定向前移动。

（7）浮腿的脚在练习者肩的前头，在头的下方着地。

（8）当浮腿向前收摆同时，支撑腿同时向后蹬地前送身体。

（9）在上坡或跑道进行屈腿走练习。

（10）摆臂进行屈腿走练习。

3. 弯道模仿动作

（1）山坡上弯道模仿动作（见图4-10）。

图4-10 山坡上弯道模仿动作

动作要领：沿斜线方向进行交叉屈腿走的弯道模仿动作。

要求：

① 在练习中应保持身体重心平稳移动。

② 向上坡蹬迈。

③ 左脚外侧和右脚内侧着地并蹬地。

④ 蹬摆臂腿协调一致。

（2）橡皮筋弯道模仿动作（见图4-11）。

图4-11　橡皮筋弯道模仿动作

动作要领：将橡皮筋一头系在腰间，另一端固定，当感觉橡皮筋拉力合适时，呈弯道基本姿势，当左脚蹬动时，右脚收回；左脚收回时，右脚蹬动。

要求：

① 上体与橡皮筋垂直。

② 用左脚外侧和右脚内侧支撑身体重心。

③ 两脚的蹬动方向与橡皮筋拉力方向垂直。

④ 两脚各自收回时，脚要尽量贴近地面收回。

⑤ 收摆腿的动作与蹬伸动作相一致。

（3）左右交叉动协动作（见图4-12）。

图4-12　左右交叉动协动作

动作要领：箭步交叉姿势开始，右脚支撑身体重心，左脚在其后位交叉，左脚收回时，右脚开始强有力向纵向侧蹬冰。收和蹬后动作速度使上体发生跳动状态，身体移向左侧，左腿着地后，右腿则向左侧纵向蹬出。右脚完全伸展时，左脚支撑身体重量。

要求：

① 两眼平视，保持身体稳定，头要端正，身体重心落在支撑脚后半部，脚掌要平放着地。

② 尽量保持身体重心稳定性。

（4）速度轮滑（见图4-13）。

此练习可根据条件加以适当的选择运用。（方法略）

图4-13　速度轮滑

（5）滑板动作（见图4-14）。

图4-14　滑板动作

动作要领：开始采用箭步姿势，膝关节弯曲大约90°，身体重心落在脚的后半部，肩和臀与水平面平行。在滑动时，两眼平视前方。在滑行时一边蹬一边向纵侧向蹬出，这时用其脚跟传到前脚掌发力。

要求：

① 开始练习时，先慢后快进行。

②开始练习要按个人的蹬动能力大小来选择滑板的宽度和长短。

③注意保持两脚始终不离板面，直接内收浮腿。

④用逐渐加大蹬边的速度和收腿的速度，来扩大滑行的宽度。

⑤注意浮腿着板时，做到展膝抬脚尖的动作，达到用其脚中后部着板的目的。

（6）前踏后伸腿动作（见图4-15）。

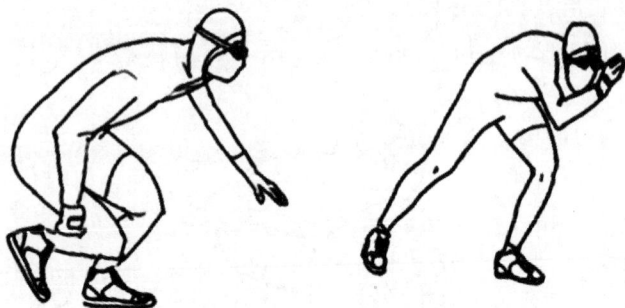

图4-15　前踏后伸腿动作

动作要领：一条腿蹲屈90°来支撑身体，另一条腿前踢小腿，然后摆大小腿。

要求：

①前踢时，踢大腿展膝落小腿，脚尖稍抬起脚中后部着地。

②后伸大小腿时，先伸大腿再伸小腿和抬脚尖。

（7）分并腿跳（见图4-16）。

图4-16　分并腿跳

动作要领：从陆上基本姿势开始，两腿后跟发力纵向蹬出呈分腿姿势，同时两脚跟用力蹬地收回并拢。速度由快到慢或由慢到快再到慢要掌握好。

要求：

① 上体团身，不起伏。

② 每次分并跳双腿，开合距离尽量相同。

（8）45°纵向蹬跳（见图4-17）。

图4-17 45°纵向蹬跳

动作要领：从陆上基本姿势开始，左脚纵向蹬冰时，将身体推向45°角的方向。如图4-17所示，纵向蹬跳时身体呈箭步姿势。

要求：

① 蹬动前上体团身。

② 蹬冰过程要求支撑腿一直展脚掌踝关节、膝关节和展髋关节。

（9）"提展落"侧出跳（见图4-18）。

图4-18 "提展落"侧出跳

动作要领：由箭步姿势开始，收侧位浮腿到支撑腿时，展膝关节同时踢起小腿，与其配合的支撑腿蹬地侧出呈新箭步姿势。注意：上体团身不动，支撑腿脚后跟中部向前用力要压住。

（10）高抬腿屈膝走（见图4-19）。

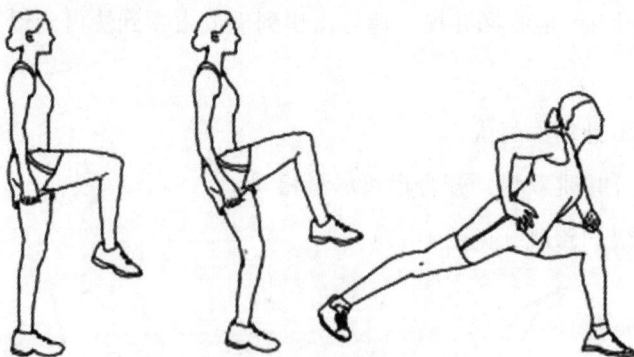

图4-19　高抬腿屈膝走

动作要领略、要求略。

（11）肘触脚跟屈膝走（见图4-20）。

图4-20　肘触脚跟屈膝走

动作要领略、要求略。

（12）直体屈膝走（见图4-21）。

图4-21　直体屈膝走

动作要领略、要求略。

（13）芭蕾步屈腿走（见图4-22）。

图4-22 芭蕾步屈腿走

动作要领略、要求略。

（14）弯道高抬腿屈腿走（见图4-23）。

图4-23 弯道高抬腿屈腿走

动作要领略、要求略。

（15）多次侧向跳（见图4-24）。

图4-24 多次侧向跳

动作要领略、要求略。

二、短道速滑陆上基础教学

前面介绍的陆上诱导动作是速滑基本技术，适用于速度滑冰和短道速滑的陆地模仿练习。但因短道速滑弯道陆上模仿较为重要，下面介绍短道速滑陆地基础教学的拓宽。一般情况下先做陆上模仿练习，然后进行冰上练习，更有利于快速掌握正确的技术动作。

1. 准备活动与整理活动

（1）准备活动。

准备活动时间一般为15分钟左右。包括一般性准备活动和专门性准备活动。一般性准备活动为8～10分钟，主要包括各种形式的慢跑、各种徒手体操及活动各关节练习，专门性准备活动为5～7分钟，内容设计紧紧围绕与该次课主要内容动作相近的一些专门性动作练习。头部运动—腰部运动—膝关节运动—踝关节运动—前弓步压腿—侧弓步压腿扩胸运动—体转运动—振臂运动—体前交叉运动—专门性准备活动—脚尖脚跟练习—分并腿跳练习—换块练习。

（2）整理活动。

整理活动一般为10～15分钟，主要内容包括放松慢跑及各种小游戏（运动强度不要大）及各种拉伸肌肉、放松摆腿等动作练习，在轻松、愉快的环境下完成练习。

2. 身体素质练习

充分利用科学手段可以将身体训练中的各种练习按其目的划分为两类：

第一类是一般身体训练。目的是全面提高身体素质，提高机体的机能，为专项体能的提高打下坚实的基础。此类练习包括各种固定器械练习，如单杠、双杠、肋木、杠铃、哑铃、实心球、跳绳等，以及田径、体操、游泳、划船、自行车、球类等。

第二类是专门身体训练。目的是发展项目需要的特殊素质和参与项目专有动作的主要肌肉群力量，包括各种技术动作模仿练习，如功能训练器、腿部渐进阻力训练器、弹力训练管、布带模仿、基本姿势的各种蹲起和跳跃等练习，以及辅助练习等，如轮滑，还有核心力量专门练习器、标准版悬吊训练绳、核心训练轮、平衡球及平衡板、陆地弯道模拟器等，以及不同负荷重量、陆地布带牵引、负重滑跳等项目特有动作练习。

（1）一般身体素质。

一般身体素质包括速度素质、力量素质、耐力素质、柔韧素质以及灵敏素质等。

① 速度素质。速度素质是指快速运动的能力。它是人体重要的运动素质之一，对于整体竞技能力的提高有着重要的意义。短道速滑运动所需要的速度包括反应速度、动作速度和位移速度。反应速度对在短道速滑起跑、滑行过程中，躲闪各种意外的碰撞十分重要；动作速度是反映运动技术水平的重要技术指标之一；位移速度是决定运动员滑跑成绩的主要因素，也是完成超越的基本条件。如反应球练习，可以训练眼、手、脚的反应与配合，提高反应速度和动作速率；信号刺激法，可利用突然发出的信号提高运动员对简单信号的反应能力。

② 力量素质。力量素质是指人体肌肉工作时克服阻力的能力。力量是运动之源。短道速滑起跑、直道和弯道蹬冰动作所产生的力是产生滑行加速度的动力，此外，支撑腿还要承担自身重力和离心力等。在完成滑行动作时，还要克服前进时的空气阻力以及冰刀与冰面之间的摩擦力等。由此可见，力量素质是短道速滑不可缺少的重要素质。力量主要有最大力量、快速力量、力量耐力三种不同的类型。力量素质水平取决于肌肉收缩的物质基础、肌肉收缩的工作条件以及肌肉收缩特征。由于不同的力量素质在这三个方面各有不同的要求，也就导致其训练方法上具有各自的特点。如克服自身重量的引体向上、倒立推起、纵跳、半蹲起等练习；克服橡皮筋、拉力器等形变产生的阻力，发展力量素质，以及利用杠铃、壶铃、哑铃进行抗阻力练习等。

③ 耐力素质。耐力素质是指有机体在较长的时间内，保持特定强度负荷或动作质量的能力。耐力素质是人体基本的运动素质之一。短道速滑的各个竞赛项目所需要的耐力是不同的，如500米所需要的耐力主要为无氧耐力，3000米所需要的耐力侧重于有氧耐力。就整体来讲，短道速滑运动所需的耐

力主要有有氧耐力、非乳酸能无氧耐力和乳酸能无氧耐力等。如各种形式的长时间跑和反复进行克服自身重量的练习，以及坚持较长时间的抗小阻力练习等，都是发展耐力素质的有效手段。

④ 柔韧素质。它是人体运动各关节的活动幅度、关节周围组织的弹性和伸展性的表现，是人体运动时加大动作幅度的能力。它对掌握运动技术，预防受伤，保持肌肉的弹性和爆发力，维持身体姿态的平稳等方面有很重要的意义。柔韧性的好坏，不仅取决于动作结构方面的特点，而且也取决于神经系统机能状态。完成同样的练习可更节省能量，充分减少身体各器官、系统间的内耗；减少运动损伤，加大蹬冰幅度。

⑤ 灵敏素质。灵敏素质是指在各种突然变换的条件下，能够迅速、准确协调地改变身体运动的空间位置和运动方向，以适应变化着的外环境的能力。速度可以保障身体向各个方向快速移动；力量是保障肌肉或肌肉群克服阻力的推力；协调保证身体运动与感受器的协调配合。由此可以看出，灵敏素质是短道速滑运动员的一种综合素质，是速度、力量、耐力等素质的综合反映，因而协调、灵活、准确和场上应变能力是短道速滑运动项目日常教学、训练、比赛所需的重要素质。灵敏素质一般包括：一般灵敏素质和专门灵敏素质。一般灵敏素质是指在完成各种复杂动作时所表现出来适应变化着的外环境的能力。如根据信号或哨音突然改变跑动方向或完成指定动作等。专门灵敏素质是根据专项所需要的与专项技术有密切关系的，以及适应变化着的外环境的能力。如在比赛中场上突然发生碰撞，运动员的第一时间反应、躲闪、改变滑行路线等能力。

（2）专门性练习。

专门身体素质训练主要发展冰上快速滑跑所需要的支撑平衡和强有力地快速伸展蹬冰的力量。常用的专门身体训练手段主要有：跳跃练习、分并腿跳练习、单腿跳练习、侧蹬-收腿-跳练习、动作协调性练习。弯道跳练习训练中可根据不同水平及不同年龄训练阶段的任务和要求，逐渐增加训练负荷量。核心力量练习根据练习者的不同水平及不同年龄训练阶段，逐渐增加训练负荷量。

平衡球练习包括绳梯组合、跳栏组合、移动标志块、跳环、反应球、布带牵引的各种直道、弯道模仿练习、山地练习、负重力量及轮滑练习等。通过练习可提高直道、弯道、起跑等滑跑时参与工作的肌肉力量。根据练习者的不同水平及不同年龄训练阶段，逐渐增加训练负荷量。

3. 技术练习

（1）直道基本技术练习。

① 基本姿势练习。

练习方法：两脚并拢，两腿蹲曲，上体前倾，身体重心通过两脚中部，上体与地面成 $10°\sim25°$ 角，大腿与小腿成 $90°\sim110°$ 角，小腿与踝关节成 $55°\sim75°$ 角。

通常采用口令进行教学，一直立站好；二上体前倾；三两腿弯曲；四两手背后；五目视前方 $10\sim20$ 米。还可采用各种变换重心的练习。

② 胸前单腿支撑练习。

练习方法：一条腿支撑，另一腿大腿带动小腿向胸前抬起，控制 $2\sim3$ 秒落地还原成基本姿势。左、右腿反复进行练习，主要是提高练习者支撑平衡能力及腿部力量。

③ 侧蹬收腿练习。

练习方法：身体重心放在支撑腿上，保持鼻、膝、脚尖在一条直线上，侧蹬腿轻擦地面，向侧蹬直，大腿带动小腿收回至胸下还原成基本姿势，两腿交替进行练习

④ 重心移动练习。

练习方法：身体重心放在支撑腿上，保持鼻、膝、脚尖在一条直线上，展髋、膝、踝关节，身体重心平行移动到另一腿上，两腿交替进行练习。

⑤ 单腿后引练习。

练习方法：保持支撑腿鼻、膝、脚尖在一条直线上，浮腿大腿垂直于地面，小腿平行于地面，踝关节自然下垂，摆到胸前还原成基本姿势，反复进行练习。还可以在砖上或者有条件的情况下利用平衡球做单腿后位平衡练习，主要是提高支撑平衡能力。

⑥联合诱导练习。

练习方法：基本姿势开始，一腿向侧蹬出，大腿带动小腿收至单脚后位平衡，摆至胸下双脚并拢成还原姿势，两腿交替进行。

⑦摆臂练习。

摆臂可调整身体平衡、增强蹬冰力量、提高滑跑频率，有利于使身体协调地运动，并达到合理运用战术等目的。通常，中、长距离和弯道滑行多采用单摆臂，以保持滑行节奏和速度；双摆臂多用于起跑、短距离和终点冲刺，目的在于提高滑行速度。

练习方法：两臂以肩关节为轴，伴随肘关节的屈伸完成摆臂动作；手臂贴近身体自然前后摆动；手半握，前摆至颌下，下垂点至浮脚冰刀着冰贴近腿部外侧，后摆至与躯干平行。

⑧滑行模仿动作练习。

练习方法：保持基本滑行姿势，身体重心放在支撑腿上，保持鼻、膝、脚尖在一条直线上，浮腿向前摆动时破坏平衡，支撑腿以全脚掌内侧蹬地向侧展直腿蹬离地面，浮腿以大腿带动小腿，大小腿在一个平面摆至两腿并拢。

⑨滑跳模仿动作练习。

练习方法：保持基本滑行姿势，上体随浮腿收摆与臀部平行移动，支撑脚内侧的中部用力向侧蹬离地面，蹬离地面后放松，以大腿内收，大腿带动小腿，并使脚尖向前摆送小腿和脚。

（2）弯道练习。

①基本姿势练习。

练习方法：采用扶持或牵拉的方式，在基本姿势的基础上，身体重心平行向左移动，使左脚用外侧支撑，右脚微屈用内侧着地的左倾姿势，两肩和臀部平行向左倾斜。

②右腿支撑左腿摆练习。

练习方法：采用扶持或牵拉的方式，由基本滑行姿势开始，右腿支撑左腿收摆，复练习。

③ 左腿支撑右腿侧蹬练习。

练习方法：采用扶持或牵拉的方式，由基本姿势开始，身体重心平行向左移动，左脚用外侧支撑身体，右脚用内侧轻擦地面向侧方蹬直，然后以膝盖领先直接收回，反复练习。

④ 右腿支撑左腿摆收练习。

练习方法：采用扶持或牵拉的方式，由基本滑行姿势开始，身体重心平行向左移动，右脚用内侧支撑身体，左脚在右腿后方，用外侧轻擦地面向侧方蹬直，然后以膝盖领先直接收回，反复练习。

⑤ 弯道交叉压步练习。

练习方法：采用扶持或牵拉的方式，由弯道基本滑行姿势开始，右脚内侧向右侧蹬出，以膝盖领先向支撑腿并拢，左脚在右腿后方用外侧轻擦地面向侧方蹬直，以膝盖领先直接收回，两腿反复练习。

第七节　速滑运动冰上基础教学

速滑运动的基础教学是在速滑初学者掌握直道弯道正确支撑滑行的基础上进行的。其主要目标是掌握直弯道滑跑基本动作技术，即通过基础教学，使学生学习速滑运动的重点、难点及关键技术，掌握滑跑技术，"提展落"侧蹬冰大步滑是本阶段的直道教学重点，而早蹬、快蹬冰是弯道教学重点。教学采用同步教学法，即直、弯道并行教学。教学任务是完成用正、内、外刃正确支撑。直、弯道混合动作组合教学顺序是：

（1）站立动作：是直弯道五种站立练习手段组合。

① 两刀平行正刃站立。

② 两刀平行左内刃右正刃站立。

③ 两刀平行左正刃右内刃站立。

④ 两刀平行左外刃右内刃站立。

⑤ 两刀平行左内刃右外刃站立。

注：五种站立练习手段均采用正确支撑，即重心投影点均在正刃、外刃和内刃中间，冰刀后三分之一处。

（2）行走动作：练习手段同五种站立组合动作。

（3）向左交叉走：既包括了直道动作，又包括了弯道动作。

（4）向右交叉走同上。

（5）蹬迈动作：先直道后弯道动作。

需要注意的是：学习蹬迈动作采用蹬冰辅助练习，如走走停停、同蹬同收、快蹬并腿和蛇行蹬冰等练习。

（6）学习停止法：犁状停止法、刀跟停止法、转体停止法。

（7）安全摔倒法。

一、直道平衡动作教学

它是助跑10～15米后，利用获得的惯性速度用蹲屈姿势来完成的组合练习。

（一）基本动作

正、外、内刃支撑平衡组合动作要点：两刀平行，正刃、内刃、后部支撑身体重心，上体前倾，大小腿前弓90°角，两手扶大腿，或自然下坠，或背手，两眼平视前方滑行（见图4-25）。

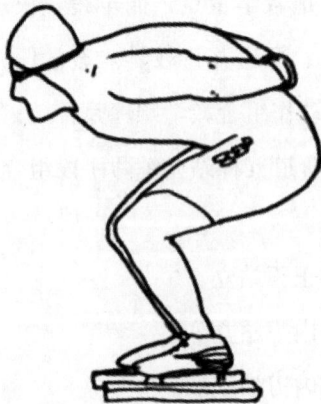

图4-25　直道平衡基本动作

（二）侧位平衡动作（见图4-26）

图4-26　侧位平衡动作

动作要点：在基本姿势基础上，一刀外刃或正刃支撑身体，另一刀内刃侧出成箭步姿势，两刀平行。

（三）单脚平衡动作（见图4-27）

图4-27　单脚平衡动作

动作要点：在基本动作的基础上，一条腿前迈，呈单支撑蹲屈的姿势，另一条腿在后位，其大小腿接近直角，小腿平行冰面，其冰刀尖与冰面垂直或略触冰面向前滑行。

（四）同蹬冰同收平衡动作

动作要点：在基本姿势的基础上，两腿冰刀同时用内刃后三分之一处向前双画弧式地蹬冰滑行,在蹬完冰后两刀平行,用正刃后三分之一处支撑身体。

(五)蛇形滑平衡动作

动作要点:快速滑跑后在基本姿势基础上,两冰刀后三分之一处支撑身体重心,做向左(左刀外刃右刀内刃)向右(右刀外刃左刀内刃)双刀不离冰面蹬动滑行。

(六)蛇形蹬冰滑行动作

动作要点同上,不同的是双刀不离开冰面蹬动的力度加大,左右蹬冰幅度加大,像滑雪一样。

(七)快蹬快并滑进动作(见图4-28)

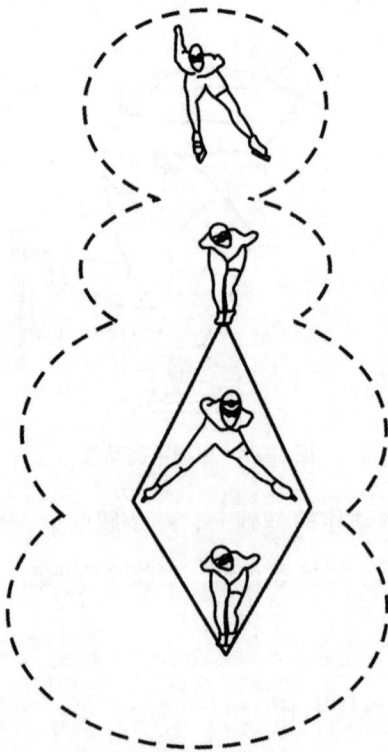

图4-28 快蹬快并滑进动作

（八）大步蹬迈滑进动作

动作要点：① 开始加速30米滑跑100米，直道滑跑单步为14～16步。② 加速30米后大步滑跑100米，滑行单步为10～12步，这就是所谓的大步滑跑。

二、直道专门性动作教学

（一）滑蹬滑

即双刀不离冰，尽量向前移动身体重心的蹬冰滑进动作，目的是解决双支撑蹬冰过程中加速蹬冰问题。

（二）滑跑跳

即单支撑蹬冰滑跑动作，解决单支撑滑冰利用重力早蹬冰、快蹬冰的技术问题。

（三）"收摆下"

即直接收大腿，展膝关节，踢小腿，抬脚走，浮腿收回、摆腿和下刀动作的全过程。

（四）"提展落"（见图4-29）

侧蹬冰。

三、直道基本动作教学要点

（一）双支撑蹬冰的动作教学要点

（1）明确双支撑蹬冰动作阶段起止。

（2）体会双支撑蹬冰时，正确下刀和接替身体重心的方法。

（3）掌握保持在双支撑蹬冰时，身体重心稳定移动的时机。

（二）单支撑蹬冰动作教学要点

（1）明确单支撑蹬冰动作阶段起止。

（2）体会单支撑蹬冰时的最佳时机，即如何早蹬冰。

"提展落"弯道动作：图4-29中1～2提（收腿）；2～3展（摆腿）：3～4落（下刀）。

图4-29　"提展落"动作

（3）掌握单支撑蹬冰时充分利用重力进行蹬冰。

（三）"收摆下"（即"提展落"）动作教学要点

（1）明确"收摆下"动作阶段起止。

（2）体会"提展落"过程。

（3）掌握"收摆下"动作保持身体重心稳定前移的方法。

（四）自由滑进动作教学要点

（1）明确自由滑进动作阶段起止。

（2）体会自由滑进时减少阻力的方法。

（3）掌握保持在自由滑进时身体重心稳定的方法手段。

四、弯道平衡动作教学要点

（一）基本姿势平衡动作

上体前倾，膝关节前弓，左刀外刃、右刀内刃，后三分之一处支撑身体重心滑进。

（二）侧位平衡动作（见图4-30）

在基本姿势基础上，左刀外刃和右刀内刃支撑身体重心，身体呈左倾箭步姿势滑进。

图4-30　侧位平衡动作

（三）交叉箭步平衡动作（见图4-31）

在基本姿势基础上，右刀迈过左刀呈交叉箭步姿势滑进。

图4-31　交叉箭步平衡动作

（四）左支右蹬平衡动作（见图4-32）

在基本姿势基础上左刀外刃后三分之一处支撑身体重心，同时右刀内刃在后三分之一处纵向连续做蹬冰滑进呈左倾箭步姿势。

图4-32　左支右蹬平衡动作

（五）右支左蹬平衡动作（见图4-33）

在基本姿势基础上，当右刀抬起同时左刀外刃在后三分之一处向右侧做纵向侧蹬冰滑进，当左刀蹬冰结束时，右刀着冰支撑身体呈交叉箭步滑进。

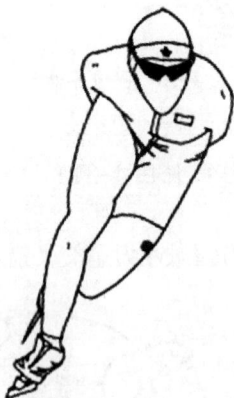

图4-33　右支左蹬平衡动作

（六）左单脚平衡动作（见图4-34）

在基本姿势基础上，左刀前迈，在冰刀外刃后三分之一处支撑身体重心，右刀后拉（后拉小腿略平行冰面，冰刀垂直冰面）呈滑进平衡状态。

图4-34 左单脚平衡动作

（七）右单脚平衡动作（见图4-35）

在基本姿势基础上，右刀前提在冰刀内刃后三分之一处支撑身体重心，左刀后拉，后拉小腿平行冰面，冰刀垂直冰面，呈滑进平衡状态。

图4-35 右单脚平衡动作

（八）左脚缠右腿平衡动作（见图4-36）

在基本姿势基础上，左（右）脚缠住右（左）脚踝关节向前滑进。

图4-36　左脚缠右腿平衡动作

五、弯道专门性动作教学要点

（一）滑蹬滑

双刀不离冰，尽量向左前方移动，做弯道滑冰动作。

（二）滑跳滑

弯道上的单支撑交叉快速蹬冰动作。

（三）"收摆下"

弯道中浮腿的动作，即"提展落"动作。

（四）"提展落"侧蹬冰

弯道中支撑腿与浮腿完整配合动作。

六、直道基本动作教学要点总结

（一）滑跑姿势教学要素

在滑跑中，为了保证身体重心稳定，减少空气阻力，上体要前倾，呈流线型团身姿势，腿部要弯曲、背手或摆臂，进行滑跑练习中，要特别注意的是重心的位置和团身。这种姿势应贯穿在全教学过程始终，逐渐让学生形成正确的滑跑姿势。

（二）腿的动作教学要素

教学的要点：纵向侧蹬冰，收腿要靠拢，脚后跟要前迈，正确支撑滑行。

（三）臂的动作教学要素

（1）箭步滑行时，臂在前后高点稍有稳定或停顿。

（2）两臂动作配合应注意保持重心稳定性。

（四）动作配合教学要点

（1）动作配合教学要点是抓箭步瞬间的稳定性，即支撑腿三点成一线（鼻子、膝关节和冰刀刃尖在一个矢状面上），才能保证后续动作充分发挥支撑腿蹬冰的早蹬冰和利用重力的有效作用。

（2）臂腿配合的动作要点是臂领先于腿。

七、弯道基本动作教学要点总结

（一）滑跑技术教学要点

左刀外刃和右刀内刃后三分之一处支撑身体重心呈左倾姿势。

（二）腿的动作要点

早蹬即左（右）冰刀着地即蹬冰。其他同直道腿的动作教学要点。

（三）臂的动作教学要点

右臂与直道的摆动特点基本相同，左臂是小臂摆动。

（四）动作配合教学要点

收腿靠拢，用左外刃和右内刃后三分之一处支撑身体重心，注意达到四点一线，即鼻子、膝盖、冰刀尖和弯道切点成一线。

（五）进出弯道动作教学要点

先进行大弯道渐伸曲线的教学，然后再进行小弯道的渐屈曲线的教学，最后再进行整个弯道曲线的教学。

八、起跑动作教学（见图4-37）

图4-37　起跑动作练习

速滑起跑动作教学要点顺序：各就位、预备、起动、疾跑、衔接到正常滑跑。

（一）各就位动作教学要点

保持第一静止站立姿势。

（二）预备动作教学要点

上体适度前倾，身体缓慢下蹲，腿部弯曲（团身），头要正，两眼目视前方，完成第二静止姿势。

（三）起动动作教学要点

蹬后刀，迈前刀（步子要小，开角45°）。上体抬起，保持稳定。

（四）疾跑动作教学要点

两刀跟逐渐向中线切滑（头几步快而有力），开角由大到小，步幅由小到大，上体由高到低。

（五）衔接到正常滑跑动作教学要点

收腿逐渐靠拢，上体由高到正常呈流线型姿势，蹬冰由后侧蹬冰逐渐过渡到侧蹬冰滑进（见图4-38）。

图4-38 衔接到正常滑跑动作教学要点

九、不同滑跑距离的教学顺序及要点

（一）长距离教学顺序

（1）直道专门性动作加慢滑教学。

（2）弯道专门性动作加慢滑教学。

（3）直道"提展落"侧蹬冰大步滑教学。

（4）弯道进出弯道早蹬冰教学。

（5）单圈滑跑教学。

（6）起跑动作教学。

（7）全程滑跑教学。

（二）速滑短距离教学的顺序

（1）直道专门性动作加段落动协加速教学。

（2）弯道专门性动作加动协加速教学。

（3）大弯道进出早蹬滑教学。

（4）小弯道进出及早蹬滑教学。

（5）快步滑单圈教学。

（6）起跑动作教学。

（7）短距离全程滑跑技术教学。

（三）终点冲刺教学顺序

（1）原地进行模仿箭步式冲刺。

（2）30～50米大步滑跑后做箭步式冲刺。

（3）全程滑跑后100～200米做箭步式冲刺（见图4-39）。

图4-39　箭步式冲刺

十、短道速滑冰上基础教学

前面9个要点全面地介绍了速滑运动冰上基础教学部分。短道速滑是速滑运动一个分支项目，下面对短道速滑运动项目的冰上基础教学过程进一步介绍。

（一）准备活动与整理活动

准备活动：初学者穿上冰刀后首先利用3~5分钟的时间做原地模仿动作及适应冰性练习，然后再进行基础技术练习。有一定基础后，进行集体尾随滑2~3分钟（1~2组），动作协调性练习2~3次，冰上各种拉伸肌肉活动。

整理活动：一般以不同距离的慢滑、强度较小的游戏为主，下冰后放松慢跑，各种拉长肌肉及放松摆腿等练习。

（二）技术练习

1. 适应熟悉冰性

（1）冰上站立。

练习方法：身体重心放在两脚中间，站立时两眼平视前方，两腿膝盖微屈，两脚平行用冰刀平刃着冰。主要体会用冰刀平刃支撑的感觉。

（2）原地踏步。

练习方法：上体前倾，两腿微屈，两脚平行用冰刀平刃着冰站立，浮腿控制在胸下落冰用冰刀的平刃着冰承接体重，左右脚重复进行练习，主要体会交换体重的感觉，熟练后可行进间向左、右及向前走滑练习。

（3）安全摔倒。

练习方法：当身体重心不稳，失去平衡时迅速降低重心，团身收腹，身体尽量放松顺势倒下。

（4）基本姿势。

练习方法：上体前倾，两腿弯曲，团身收腹，两肩向内收，目视前方。

（5）前后滑动。

练习方法：保持基本姿势，身体重心在两脚之间，腰腹收紧，两脚冰刀用平刃着冰，前后小幅度滑动，初学幅度不宜太大，两冰刀控制在身体活动范围内。

（6）侧向走（片）。

练习方法：上体前倾，两腿弯曲，左（右）腿向侧迈出一小步，身体重心跟上，冰刀用平刃着冰，左（右）脚用内刃向侧蹬地，迅速收向支撑腿，反复进行练习。

（7）捡放标志块。

练习方法：在向侧走滑的基础上，捡起摆放不规则的标志块，然后再放回到原来的位置。

（8）急停。

练习方法：在滑行中，两膝内扣，将冰刀刀跟分开，两冰刀刀尖向内同时将重心后移成后坐姿势，用两冰刀内刃压擦冰面，形成制动，使滑行速度减慢而停止滑行。

（9）摆臂。

练习方法：保持基本姿势，两肩对着前进方向，以肩关节为轴，靠近身体两臂做前后摆动，前摆不超过身体重心线，后摆肩关节锁住为止。

（10）全身配合。

练习方法：保持基本姿势双摆臂（以一侧臂为例），前臂到前高点时，蹬冰腿完成蹬冰，臂到下垂点时腿收到胸下着冰，后高点时另一腿蹬冰结束。

2. 基础技术练习

（1）向前走滑。

练习方法：在向前走步的基础上，一条腿支撑滑行，另一条腿迅速收向支撑腿，双脚向前滑行，重心稳定后，再换另一条腿，重复进行练习。

（2）扶持双脚支撑滑行。

练习方法：两人一组，一人在前做基本姿势滑行，另一人在后，手扶前者的臀部上方沿直线向前推同伴向前滑行，两脚冰刀用平刃支撑向前滑行。

（3）扶持交换重心。

练习方法：两人一组，一人在前做基本姿势滑行，同时两腿交换抬起，另一人在后手扶前者的臀部上方沿直线向前推同伴向前滑行。

（4）前葫芦滑行。

练习方法：两脚冰刀用内刃同时向侧蹬出，略宽于肩，同时两腿向内收，收置基本姿势，反复进行练习。

（5）单蹬双滑。

练习方法：左腿向侧蹬地，迅速收向右腿，双脚并拢向前滑。待身体重心平衡后，左、右腿反复进行练习。

3. 提高支撑平衡能力练习

（1）基本姿势。

练习方法：上体放松团身收腹，上体与地面角度$10°\sim25°$，膝关节成$90°\sim110°$，踝关节弯曲成$55°\sim75°$。身体重心在脚的中部。该练习主要提高练习者基本姿势及两脚用平刃支撑的滑行能力。

（2）基本姿势走滑。

练习方法：双脚并拢，用冰刀的平刃支撑向前滑行，有条件可利用低姿势限制架进行练习。该练习主要提高练习者两腿平刃支撑的滑行能力。

（3）双脚跳滑行。

练习方法：基本姿势滑行，身体重心支点发力，双脚向上跳起，落冰用冰刀的平刃支撑向前滑进，重心稳定后反复进行练习。该练习主要巩固提高练习者用冰刀平刃支撑滑行的能力。

（4）前抬浮腿滑行。

练习方法：保持支撑腿用平刃支撑滑行，鼻、膝、脚尖在一条直线上，浮脚前抬离冰面的惯性滑行，控制在$2\sim3$秒，落在身体重心下，左右腿反复进行练习。该练习主要提高练习者的单腿支撑平衡滑行能力。

（5）移动重心滑行。

练习方法：身体重心随着蹬地腿的展髋、膝、踝，迅速把重心水平移到另一腿上，保持鼻、膝、脚尖在一条直线上支撑向前滑行，左、右腿反复进行练习。该练习主要提高练习者滑行过程中身体重心移动的能力。

（6）同蹬同收滑行。

练习方法：两脚同时向外侧蹬，略宽于肩，同时大腿带动小腿收至基本姿势滑行，反复进行练习。该练习主要提高练习者控制冰刀的滑行能力。

（7）双脚S形绕块滑行。

练习方法：利用惯性双脚内刃、平刃、外刃变刃绕标志块滑。该练习主要提高内刃、平刃、外刃灵活运用的滑行能力。

（8）体前交叉走步滑。

练习方法：向右做前交叉时身体重心大胆向右外侧倾斜，同时蹬伸动作积极，向左做前交叉时同右侧，两腿反复进行练习。该练习主要提高练习者用冰刀的内刃、平刃、外刃灵活滑行的能力。

（9）倾斜转弯滑行。

练习方法：身体重心放在左腿上，左脚外刃支撑滑行，整个身体形成一个倾斜面，两肩和臀始终保持与冰面平行，右腿微屈的左倾姿势滑行。该练习主要提高左腿外刃支撑倾斜滑行的能力。

（10）左倾姿势右腿抬离冰面滑行。

练习方法：同左倾滑行姿势，右腿向侧蹬直，微屈稍抬离冰面的左倾姿势滑行。

第八节　速滑运动的冰上游戏介绍

一、游戏的作用

（一）玩

学生的天性就爱玩，为了吸引学生参加滑冰运动，选择的每个游戏都应富有乐趣，使他们能够积极参与游戏。

（二）游戏应具有明确的目的

选择的游戏必须是有益处的，根据学习目的、动作的不同，选择的游戏活动内容也各有不同。有时选择游戏是为了强化教学或是训练内容，如一些游戏可能是为了强化转弯或平衡等动作。例如在教滑冰基本姿势时，可采用"钻山洞"或通过隧道作为接力的游戏内容。这样学起来就更有意义、更贴近生活，学生就会感觉有兴趣、有意思，玩起来、滑起来就高兴、就快乐，同时在玩中培养他们的集体主义精神、责任感、道德规范。

1. 该怎样玩才好

确定了游戏的目的，按照滑冰动作学习过程，即站立—行走—走滑—单蹬单滑进，进行游戏。记住：没有万能钥匙，也就是说每个游戏不一定对每一个学生都有效果。如果对学习没有效果甚至产生干扰，则停下来做另一个游戏。教师应不断创出有乐趣的游戏让学生玩，在玩中受到启发，学到技能。切记游戏的主要目的是创造快乐，在高兴之余掌握动作。

2. 怎样组织游戏

只有在学生们注意力集中的时候，在不疲劳的情况下组织的游戏才有效果，这时把学生们召集起来，分成小组，简单而迅速讲清做法、注意事项和规则。为达到要求，教师还应在游戏前边讲解边示范去做一遍游戏，注意讲解要精练，多让学生们去体会，如果出现问题，应及时纠正，然后重新开始直到成功。

3. 做好安全提醒

组织活动性游戏应注意安全是第一位的。根据实际情况，教师要及时排除不安全因素，经常提醒学生们注意冰刀不要乱抬，以防伤人，玩时也要防止碰伤自己。组织好队形排列方向和次序，注意队伍的间隔，要求学生在同时间内按一个方向滑行，即逆时针或顺时针。接力时应让接棒的学生避让开对面滑过来的学生，在其旁边接棒，也可不接棒，这种方法最安全，即人到终点时，另一个人即刻滑跑。

4. 冰陆兼容

可以在冰上穿速滑刀、冰球刀、花样刀、短道速滑刀、速滑新型冰刀和陆上穿轮滑鞋，以及田径鞋，进行冰陆兼容的两栖游戏。

二、直线游戏

（一）穿冰鞋比快

目的：天寒冷时，为防止冻手，快穿冰鞋是必要的。

对象：学生若干人，分2~4组，每组6~8人。

水平：各种水平。

时间：越快越好，但冰鞋得穿好，鞋带要系紧。

说明：看哪个人或组先穿好鞋在冰上站好。

（二）冰上队列练习

目的：明确支撑位置，控制身体稳定站立。

水平：各种水平。

说明：

（1）学生穿冰鞋、按口令做队列练习，如立正、稍息、原地踏步走和原地三种转法等。

（2）两刀要求平行，平刃的后部支撑身体。

（3）变换动作时，注意冰刀尽力贴近冰面变换动作。

（三）全班立正

目的：集中注意力。

说明：当教师发出口令带有"全班"二字时，学生才能按口令做动作，如果只发出"立正"，是错误的口令，不得立正。做错同学自动举手。

带"全班"和不带全班的口令要交替发出，以便引起学生的注意力。

（四）逆向口令

目的：集中注意力。

说明：让学生做同老师口令相反的动作。如教师喊向左转，学生则向右转，喊向后转，则做原地不动等动作。

开始前宣布反口令练习开始，结束时宣布恢复正常。

（五）看谁滑得远

目的：提高滑行能力。

说明：

（1）双足滑进比远：助跑 4～6 米，双足并拢（或通过障碍）滑进，看谁滑得远。

（2）侧位平衡滑进比远：助跑 4～6 米，一足支撑，另一足侧出滑进，看谁滑得远。

（3）滑行拾物比远：助跑 4～6 米，弯腰拾取冰上小物件滑进比远。

（4）单足平衡滑进比远：助跑 4～6 米，一足支撑，另一足后引滑进比远。

（六）"连、解"接力（见图 4-40）

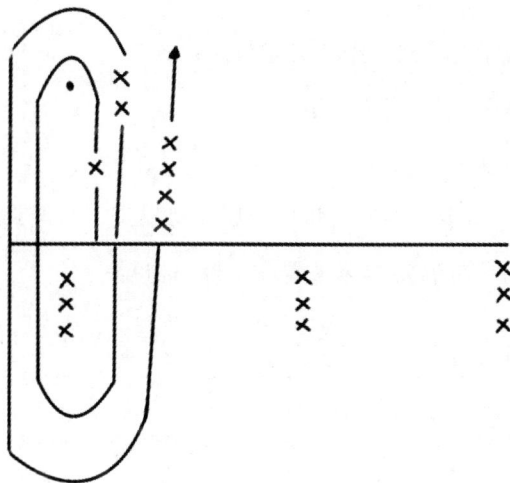

图 4-40　"连、解"接力

对象：学生 4～5 组，每组 4 人左右。

水平：各种水平。

时间：6～8 分钟。

说明：1 号滑过去再滑回来，拉住 2 号，然后 2 人滑过去再滑回来，拉住

3号，三人一起再滑过去，再滑回来抓住4号，4人再滑过去，再滑回来甩下1号，然后两人甩下2号，然后甩下3号，最后4号完成接力。

三、曲线游戏

（一）蛇形滑进（见图4-41）

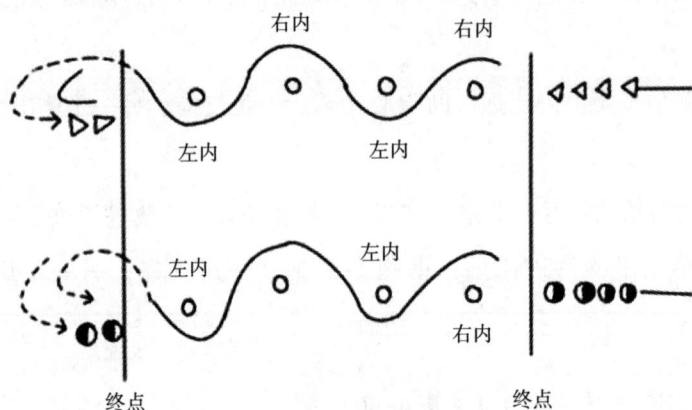

图4-41 蛇形滑进

目的：提高或学会在滑行中变刃能力。

对象：学生若干人分2组进行比赛。

水平：有滑行能力者。

说明：助跑4～6米，手扶大腿呈蹲屈姿势滑进，当遇到障碍时，用刀跟左右摆动通过障碍（每隔2～4米放置一个标志物）。

（二）转圆圈接力

目的：提高转弯能力。

对象：学生每组3～6人，若干组。

水平：会转弯者。

器材：用颜色标志物标出半径为2～3米圆若干。

说明：哨声响时，每组第一人沿逆时针方向滑跑一圈或若干圈，用手拍第二人的手完成。

（三）螺旋滑行

目的：提高转弯滑行能力。

对象：学生分2组，每组排头由技术较好者来担任。一路纵队，沿螺旋曲线滑行，看哪组不脱节，而且从螺旋中心再滑出来。

（四）左右交叉接力

目的：体会左右交叉步能力。

对象：学生分2组，每组6~8人。

水平：会交叉步者。

说明：每组分两队对面错开站好，听信号后，排头用左右交叉步滑行向对面同组接头拍手，至全组最先滑跑完全程为胜。

（五）十字接力（见图4-42）

图4-42 十字接力

目的：提高转弯滑跑能力。

对象：分4组，人数相等。

水平：会转弯者。

说明：各组单独一行站在十字线上。发信号后各组排头按逆时针滑一圈，第二人再接着滑跑，依次接力到最先滑跑完全程。

要求：统一采用左脚外刃支撑，右脚内刃连续蹬冰完成，不得有交叉快跑，超越者从被超者的外侧超越。

（六）短道弯道接力

目的：提高弯道滑跑能力。

说明：准备2个半径8米的圆，分人数相等2组，听信号排头人沿圆圈手扶冰面快滑2～4圈，用推人方法进行交接，看哪组滑得快。

四、精选游戏

（一）播种与收获

分两队，比赛距离30～40米，在每队前每10米画一个比球大一点的圈。

比赛方法：各队1号队员手拿4个球站在起跑线上，听到口令后，马上出发，并在每个圈里放下一个球（要放准），第1号回来后，第2号起跑把球"拔"回来后给第3号，以此类推，不违反规则，首先跑完为胜者。

（二）用各种起跑姿势比赛

分两队，站在同一起跑线，听到教师口令后全体起跑，一队所有队员先到达终点，该队为胜者。

（三）军旗接力赛

分两队，各排成纵队站在同一起跑线上，比赛距离25～30米，在终点处各放一堆雪。

各队1号手拿旗，听到口令，1号起跑，把旗插入雪堆，回来碰2号，2号将旗拿回交3号，以此类推，先跑完为胜者。

（四）接力比赛

分两队，每队4人或5人，距离200～300米，每隔50～60米站1人。听到教师口令后，1号起跑向2号把接力棒（长1米）传给2号，2号跑向3号，以此类推，先跑完全程为胜者。

（五）列车穿过走廊赛

分成两队，纵队站在同一起跑线上，听到口令之后，各队同学一起跑20米后，穿过1米宽、15米长的长廊，看哪队穿过的距离长而且又在前为胜。

（六）追击

全班参加，其中一个为"点人成金"者，当他碰到任何人，该人都变成追击者，但是，对单脚支撑者不能碰。

（七）追捕

在冰场中央画一条线，把冰球场分成两区，每个区又分两半（分界线在弯道开始处）。全班分两队，一队为红队，一队为黑队，排成横排，站在中间线两侧，距离以伸直两臂为标准，背向站立。教师喊"红队（黑队）"，红队（黑队）向自己的营地跑，黑队则向后转追红队，以逃到自己队为安全，被抓者关进营里。以被关进营里少者为胜。

（八）工兵挖地雷接力赛

分两队排成纵队，各站一条跑道，长50米、宽4米，在起跑线25米处挖一洞，放入一个"地雷"（球）。每队1号拿小旗，听到教师口令起跑，到终点把小旗插入雪堆，回来拿起小球传给2号，2号把球放回小洞，拿起小旗把旗传给3号，以此类推，先滑完者为胜。

（九）牵手接力赛

分若干队，每队5~6人，排成梯形队牵手站在起跑线上，听到口令，全队一起滑向终点，全程50米，最先到达者为胜。

（十）叫号比赛

分成四队，每队4~6人，每队各报数记住自己的号码，排成横排，做好起跑姿势，教师叫5号，则每队5号立即向终点滑去，从右向左转回来，先回来得1分，后回来没分，结果得分多的队则为胜。

（十一）手拉手集体滑赛

分两队，每队4人，手拉手，两队站在同一起跑线上，听到教师口令全体出发，某队的所有队员先到达终点，该队为胜利者。

（十二）"发射火箭"比远

教师让每一个学生呈基本姿势（即两刀平行，正刃支撑，重心在两脚中后部），并扶其臀部，加速滑行后，让学生借惯性滑进，惯性滑进远者为胜。

（十三）推椅子比赛

分两队，每队4~8人，排成纵队，各占2条跑道，跑道宽3米，长30~60米，每队1号推椅子滑，到达终点绕回，将椅子传给2号，以此类推。最先全部完成队伍获胜。

（十四）推墙倒滑比远

全队参加，每个学生两手扶墙，做好基本姿势，即两刀平行，平刃支撑，重心压在脚中后部，然后用力推墙，倒滑一定距离，推三次看谁最远。

（十五）双人滑行接力比赛

分两队，队内每2个人一组，把同侧的手交叉握起来（滑得好的站在初学者左侧）听到口令时，两人步伐一致滑行到终点，返回来换下一组，以此类推，先滑完者为胜队。

（十六）二或四人接力滑行比赛（见图4-43）

图4-43　二或四人滑行接力比赛

方法同（十五），注意每隔一人握住同伴的手，初学者的手应放在滑得好的相邻同伴的臂上，滑得好的相邻同伴的手臂要架在初学者腋窝。要严格注意左右的步伐来滑行。

（十七）"推磨"式滑行比赛（见图4-44）

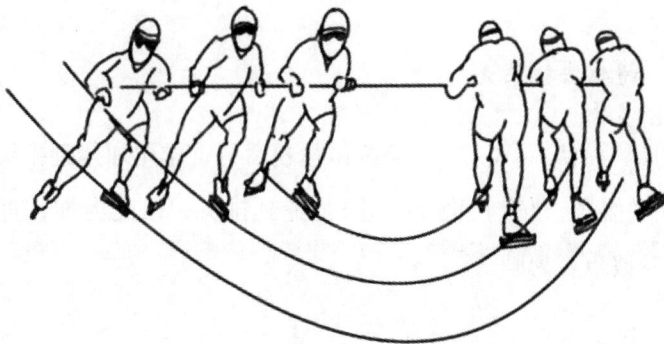

图4-44　"推磨"式滑行比赛

体力好者站在中间，滑行好者站在横排的两边。在横排中参加游戏的应是偶数，比赛前每队进行报数（例如1~10报数），前5人向后转，后5人不动，握住绳索，看哪个队压步时间长。

（十八）列车式滑行比赛（见图4-45）

这一游戏要求参与者滑冰滑得非常好。参加游戏的人要站成一路纵队，

图4-45 列车式比赛

后面的人扶住前面人的腰部，同时步伐一致，按照其中一个人的口令全队都做"枪式"姿势，即深蹲，一腿弯曲，另一条腿前伸，一直到滑进速度减慢为止。然后大家起立并继续，步伐一致地向前滑行，可分组进行比赛，每组4～6人，"枪式"滑行姿势最远者为胜队。

（十九）大步滑比赛

看哪个人或队组以最少的步数滑完规定的距离，可提高支撑滑行能力和蹬冰能力。

（二十）超越法特莱克

分若干队，每队6～8人，一路纵队慢速滑行，排尾加速到排头形成新的排头，后发出信号"好"。此时排尾2加速到排头，以此类推，直到到达终点，最快到达终点者为胜队。

（二十一）变刃接力

分两至四队，每队4～6人，滑程50米，每隔3～5米放一个障碍物（共8个）。在起跑线前快速滑行20米左右，过起跑线两手扶腿呈基本姿势，每通过一个障碍物向左或向右转动，同时冰刀左右变刃滑行，到达终点后返回做上述动作至起点，下一个重复上述动作。先滑完者为胜队。

（二十二）单圆周接力赛（见图4-46）

分两队。在冰场中央用雪画一直径为30米圆，在圆周相等距离两头排成两个纵队，听到教师起跑口令，双方第1人起跑绕圆周滑1～3圈回来，第2人起跑，这样依次滑跑，先滑完为胜。

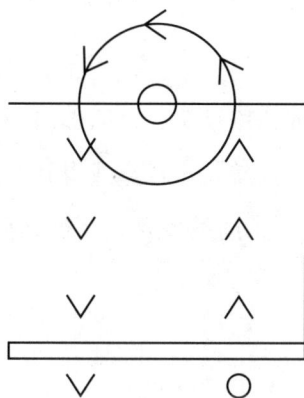

图4-46　单圆周接力赛

（二十三）双圆周接力赛（见图4-47）

分两队。排成纵队在起跑线后站好，滑程30～40米，在终点处各画直径为15米的小圆。听到口令后，双方第一人起跑，跑到终点绕15米的圆，从右向左滑，滑2圈，返回来，先滑完者为胜队。

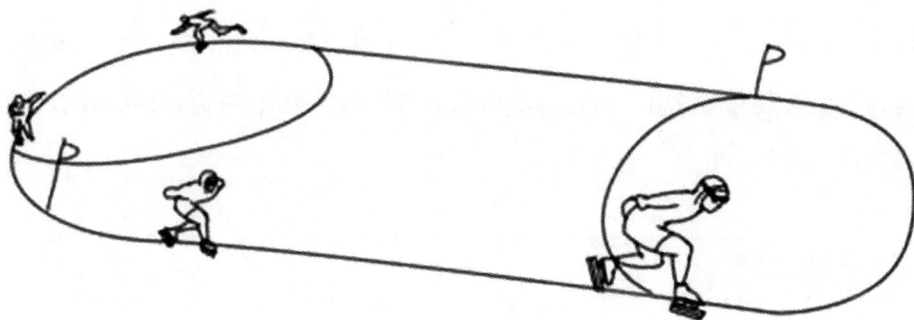

图4-47　双圆周接力赛

（二十四）传球接力

练习者按水平分成两组，首先绕过设置的不同间隔距离的若干个标志点，然后急停将球安全放置在指定的位置，继续绕过设置的障碍物按标志点原路线返回。目的是提高练习者灵活性及运用冰刀内刃、平刃、外刃和急停的能力。

(二十五) 步调一致

练习者按平均水平排成二路纵队,每队选出一名队长,后面练习者手扶前面练习者腰部,由队长指挥统一步伐跑或滑到规定的距离,以最后一名练习者率先到达终点为胜队。目的是发展练习者的动作协调性,培养团队意识。

(二十六) 猫捉老鼠

练习者按身高排成二列横队,面相对,手臂对手臂成拱形,"猫"和"老鼠"同时出发,"猫"沿逆时针或顺时针方向追逐跑或滑,对由对侧钻入拱形洞内的"老鼠"进行攻击。目的是培养练习者反应速度及灵敏性。

(二十七) 小场地"8"字滑

分成若干队,每队4人,从500米起点线出发,滑行出第一个弯道后,沿斜线方向滑入第二个反弯道,由右脚支撑滑行两个以上复步的反弯道(反弯道滑行时不得少于两复步,运动员每少滑行一复步加时1秒)后,向对角方向滑入正弯道,出弯道后冲刺通过终点线。每侧弯道场地由5个标志块组成。运动员沿弯道外侧滑行,从标志块内侧滑过即缩短距离,视为犯规。以计时成绩排定名次。

章节思考题

1. 简述速滑技术教学的重点和难点。

2. 简述速滑运动教学方法有哪些。

3. 简述速滑运动教学手段有哪些。

4. 简述速滑运动弯道基本动作教学要点。

5. 请分别列举速滑运动的直线、曲线、经典游戏。

第五章　速滑运动的训练

第一节　速度滑冰的主要训练方法与训练内容

一、完整练习法

完整练习法是指从动作的开始到结束不分部分和阶段，完整地进行学习的方法。其优点是便于学生完整地掌握动作，不破坏动作的结构和割裂动作各部分或动作之间的内在联系。

对不同动作运用完整法练习时，可采用以下方法：① 在教简单的、容易掌握的动作时，教师在讲解示范后就可以让学生完整地进行整个过程的练习。② 在学习复杂动作的完整动作过程中，可以突出重点，根据动作的特点和学生掌握动作的情况来简化动作要求，如滑跑可缩短滑跑距离和速度。③ 要广泛采用各种辅助手段或诱导性练习，发展相应的肌肉及其协调配合的能力，体会动作的要点。

二、重复练习法

重复练习法是指不改变动作结构和运动负荷的表面（外面）数据，即在相对固定的条件下，根据完成动作的基本要求进行反复练习的方法。例如：以固定的速度，按规定距离重复跑；以同一姿势多次举同一重量的杠铃等。在掌握动作技术、技能和发展各种身体素质时，通常都采用重复练习法。在一段时间内的一系列课中，运动负荷的标准应保持在学生所能适应的水平上，以后可根据学生已经提高了的肌体能力确定新的运动负荷表面（外面）数据的标准。

重复练习法又可分为连续重复练习法和间歇重复练习法两种。连续重复练习法是指没有间歇、连续不断地重复练习。这种方法常用于发展耐力素质，最普通的是等速的连续重复练习，所采用的练习通常是周期性项目。非周期性的练习也可连续重复进行。间歇重复练习法是指重复练习间有相对固定的间歇。例如：用较快的速度进行百米重复跑，规定重复跑之间的间歇为 8~10 分钟；举一定重量的杠铃，规定间歇时间为 2~3 分钟等。间歇时间的长短取决于教学任务和学生的特点。

三、变换练习法

变换练习法是指在变化的条件下进行练习的方法。它的主要特点是改变练习对机体所起作用的某些因素。实践中可采用各种不同的变换方法。变换某些动作技术的某些要素（速度、幅度、速率等）。例如，动作的形式、动作的组合、练习的环境、器械的高度以及所用器材的重量等。变换练习法有以下两种：

（1）连续变换练习法：这种方法大都采用周期性练习。越野跑是个最典型的例子，在跑的过程中，环境不断变化，也可随意改变跑的速度。

（2）间歇变换练习法：这种方法是多种多样的，其共同点是运动负荷与休息依次相互交替。最常用的方法有不断增加运动负荷和经常变换运动负荷两种。

①不断增加运动负荷的间歇变换练习法：间歇后再进行练习的运动负荷都是增大的。例如：举重逐次增加重量；进行某种距离的重复跑时，逐次加快速度；等等。

②经常变换运动负荷的间歇变换练习法：间歇后有时运动负荷大，有时小。例如：在周期性练习中，跑的速度是变换的因素；各种负荷练习，器械的重量是变换的因素。运用这种练习法，对提高中枢神经系统的协调性和机

体调节机能的灵活性等方面具有独特的意义。

四、分段练习法

分段练习法是指把完整的动作合理地分成几个部分或几段，然后按段逐次练习的方法。分段练习法的优点是可以简化教学过程，有利于加强动作困难部分的学习，缩短教学时间，并能提高学生的学习信心，使其能更快地掌握动作。

分段练习法一般是在动作较复杂，可分段而用完整练习法学习不易掌握动作的情况下，或动作的某个部分需要较细致地练习时采用。通常有下列几种形式：

（一）单纯分段法（见图5-1）

把所教的内容分成若干个部分，先将各部分通过学习掌握后，再把各部分综合起来进行学习。例如，教速度滑冰直道滑跑技术时，将其分为五个部分：第一，教右腿的惯性滑行和左腿的收腿动作；第二，教右腿的蹬冰动作和左腿冰刀的着冰动作；第三，教右腿的收腿动作和左腿的惯性滑行动作；第四，教右腿冰刀的着冰动作和左腿的蹬冰动作；第五，教摆臂、配合、节奏和规律。

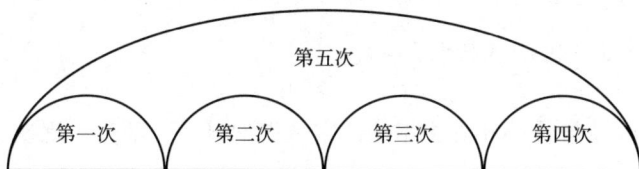

图5-1　单纯分段法

（二）递进分段法（见图5-2）

首先教第一部分，其次教第二部分，再次教第三部分，最后教第四部分。四个部分都学会了，再联合第一、二、三、四部分学习，如此递进式地进行教学，直至完整地掌握动作。例如，教速度滑冰直道滑跑技术时，首先教右腿的惯性滑进和左腿的收腿动作，其次教右腿的蹬冰动作和左腿冰刀的着冰动作，再次教右腿的收腿动作和左腿的蹬冰动作，最后逐步联合起来进行完整技术练习。

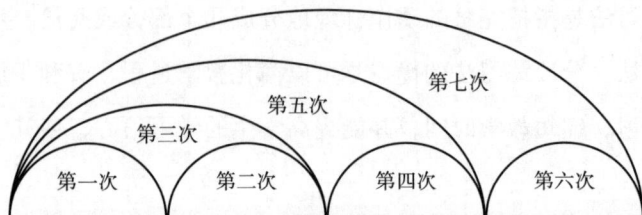

图5-2 递进分段法

（三）顺进分段法（见图5-3）

先教第一部分，学会后教第一、二部分，学会后再教第一、二、三部分，学会后，再教第四部分。如此渐进教学，直至完整学会为止。

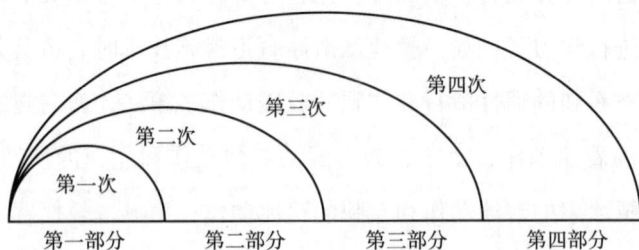

图5-3 顺进分段法

（四）逆进分段法（见图5-4）

逆进分段法与顺进分段法相反，它是先学最后一部分，逐次增加学到最前一部分，最后完整掌握。

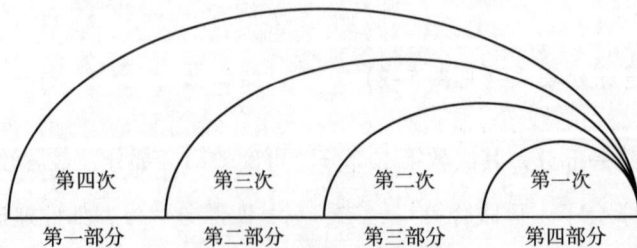

图5-4 逆进分段法

运用分段法应注意以下几点：

（1）划分动作各部分（段）时，应考虑到它们之间的有机联系，使部分（段）的划分不致改变动作的结构。

（2）使学生明确所划分的部分（段）在完整动作中的位置。

（3）分段法要与完整法结合运用。分段法的应用是为了完整地掌握动作，因此，分段教学时间不宜过长，应与完整法结合运用。

完整法和分段法在实际应用中是紧密配合的。运用分段法时，应积极创造条件，使学生完整地掌握动作。在以完整法为主进行练习时，也可对动作的某些环节或困难部分进行分段学习，这要根据教材的特点，学生的年龄、智力水平和学习时间等因素决定。

在改进动作技术、技能的各个不同阶段，在不影响动作技术结构形成的前提下，提高完成该动作所需的身体素质。这里主要指的是起双关作用的练习法，如腰部负重做直、弯道滑跑练习。

如因身体某机能或某部分肌肉群力量较弱，采用完整法或分段法都有困难时，可采用有选择性作用的练习法。这种方法是有针对性地选用某些练习先发展机体某些机能或较弱的肌肉群（例如，为发展一般耐力采用长跑练习，为发展腹肌力重复做负重下蹲起立等），然后再来学习有关的技术动作。

五、综合练习法

综合练习法能更灵活地调节运动负荷与休息，更有效地服务于练习的内容和要求。综合练习法主要有以下两种：

（一）各组练习法的组合运用

在教学实践中，根据不同的教学任务，可采用各种练习法的不同组合，制订出很多综合练习方案。例如，在进行400米重复滑跑时，可采用中上等速度滑跑400米之后采用高姿势慢滑400米进行积极性休息，提高机体的适应能力。

（二）循环练习法

教师根据教学要求，选择若干练习或动作，将其分成若干作业组。要求学生对每个作业组按规定内容和任务进行练习，并达到规定目的。做完一轮后，按顺序依次做圆周式轮换练习。这种往复练习就是循环练习法。其特点是能有效地增大练习密度和运动量，所采用的练习一般都是学生已掌握的，简单易行的。又因为它是轮流交替练习的内容，下一个练习是在上一个练习负荷的基础上进行的，所以这种练习法既有利于激发学生的练习兴趣，使学生不易感到疲劳，又能使学生承受较大的运动负荷。循环练习法主要用来提高身体素质和增强机体的适应能力，并可用来巩固提高、丰富教材的内容。根据教学任务和具体情况，灵活地加以运用。

运用上述综合练习法时应注意以下几点：

（1）应从教学任务出发运用不同的综合练习法，每次练习应有明确的目的和要求。在教学的不同阶段，由于教学任务和要求不同，发展身体和掌握动作的重点也有所区别，每次都应按教学阶段的任务提出不同的要求。

（2）采用不同综合练习法时，对练习的重复次数、间歇时间、完成每次练习的强度（如时间、高度、器械重量等）应恰当地进行规定。练习次数过多或过少，时间间歇过长或过短，练习强度过大或过小，都不能收到良好的教学效果。

（3）当动作技术、技能掌握到一定程度时，可采用各种变换练习法进行练习，以利于进一步巩固提高。但应注意练习条件的改变要符合教学任务的要求，符合动作技术和技能的特点以及学生的具体情况，不能脱离教学实际。

（4）采用循环练习时，作业组的多少，各作业组的练习内容、次数、间歇时间以及循环的次数等，都应根据教学任务和学习特点，严格要求，按质量完成任务。

六、游戏法和比赛法

（一）游戏法

游戏法是指以游戏的方式组织学生进行练习的方法。

游戏法对提高学生掌握和运用体育知识、技术和技能的能力，培养学生的组织纪律性、集体主义精神以及积极、勇敢等意志品质都有显著作用。运用游戏法时要注意以下几点：

（1）游戏的内容通常有一定情节。采用游戏法时应按教学的意图和计划选择游戏练习的内容，可直接选用日常生活中的某些实用活动，如选择跑、投、跳、攀、爬等各种活动动作全面发展学生的身体机能。

（2）在游戏中除应教育学生遵守规则外，还应鼓励学生充分发挥自己的独立性和创造性，根据瞬息万变的情况，全神贯注地运用各种适当的活动方式来完成游戏任务。

（3）由于游戏有一定的竞赛性，易使学生激动、兴奋，教师应不失时机地对学生进行思想教育。

（4）由于游戏练习难以较准确地分配运动负荷，在选用游戏法时，应尽量按预定的程序安排活动过程。教师可通过游戏内容、规则、时间、器材、场地范围等进行限制来控制和调节运动负荷。

（二）比赛法

比赛法是指在比赛条件下组织学生进行练习的方法。

它除能有效地发展学生的身体外，还可促使学生在复杂的比赛条件下提高合理运用动作技术、技能的能力，培养坚毅、勇敢、顽强、集体主义精神等优良品质。比赛法的特点主要是竞争性强，学生的情绪高涨，能促使学生最大限度地表现出机体的机能，加强身体练习对机体所起的作用。

速度滑冰教学中采用比赛法的形式是多种多样的。有游戏比赛、教学比赛或专门组织的测验比赛，还有个人与个人的、小组与小组的比赛；按教学的具体任务和动作的性质可以比快、比远，也可以比完成动作的质量或比教学的组织纪律性等。只有根据教学任务、教材性质、对象特点和具体条件，并在比赛过程中切实贯彻教学要求，才能达到良好的效果。

比赛法通常是在学生已经较熟练地掌握了动作的情况下运用，运用时要明确比赛规则。例如分队比赛时，各队实力应大体相等，比赛中应及时给予正确公正的评定。

速度滑冰实践课是由动作示范、讲解、学习滑跑技术、教师观察、动作分析、纠正错误、技术评定、成绩考核、电化教学等手段构成的。由于对象不同、条件不同，完成同样内容存在一些差异。为此，教师必须本着改革创新的精神，系统科学地进行安排。在方法上坚决克服传统经验中的不良做法，要大胆地采用先进方法和手段，力争做到理论与技术的统一。

七、高原训练法

冰场的海拔高度对速滑运动成绩的影响很大，通常是冰场海拔越高，运动员的比赛成绩越好。海拔每升高 100 米，速滑全能成绩提高 0.1 分左右。高原冰场对提高速滑长距离成绩的作用大于短距离。

高原环境（冰场滑度好、冰质好、空气新鲜稀薄）对培养速滑运动员适应高速滑跑的肌肉感觉和神经感觉十分有益，可改善动作协调性，使速滑运动员比较顺利地攻克速滑运动中的"速度障碍"，对长距离项目则表现出动作经济性和能量的节省化（肌肉用力的程度小）。然而这种有利因素，也会掩盖不利因素（缺氧等），因此，高原训练中，不能忽视发展肌肉力量和速度训练，以保持运动员特有的力量水平。

高原训练对缺氧的抗衡能力受运动员个人特点的制约，对高原训练难以习惯的人，其高原反应和对高原条件下紧张工作适应性差。有些人尽管经过多次高原训练，仍不能消除不良反应。因此，这些人高原训练后并没有提高比赛成绩。所以有些学者和教练员认为，高原训练应取慎重和区别对待的态度。

（一）夏季高原训练的适应阶段

速滑运动员高原训练前在平原训练的最后一周，应使运动负荷量和强度达到负荷曲线的高峰，以便到达高原后的 7～12 天将训练负荷量特别是强度降低，使运动员逐渐适应高原训练。夏季去高原训练，适应阶段的第一周训练安排应注意以下几个方面：

（1）用于发展力量和速滑练习应保持平原训练水平。此阶段应按训练大纲来完成力量和速度练习，如杠铃练习、拉力练习、跳跃练习、短跑练习等。如高原反应特别明显时，可有 1～2 天例外的训练。

（2）应安排除训练计划中有关糖酵解工作性质的负荷内容，如跑中距离专项耐力的强度负荷。

（3）要控制有氧训练的负荷量和强度。通过减少负荷量进行高原适应性训练。

（4）在高原训练适应期可用 2～3 小时的山地走或跑结合来代替越野跑。

（5）应减少速滑陆上专门性训练内容，以避免加重心血管和呼吸系统工作负担。

从第二周开始逐渐按该阶段训练计划安排训练，随着高原适应期的结束，负荷量和强度逐渐加大，属于糖酵解性质的训练也应列入训练内容，但这类训练每周安排 1～2 次为宜。

（二）冬季高原训练的适应阶段

在中等高原训练安排冬季赛季前训练阶段计划应注意以下几个方面：

（1）第一周应降低总负荷量和负荷强度，与平原负荷强度相比应减少 30%～40%。

（2）用于大战速度练习应按训练计划进行，可高于平原冰场的速度要求。

（3）增加有氧耐力训练负荷和改进技术的练习内容，此阶段运动员要适应高原冰场的滑度，调整不同项目滑跑时的动作节奏。

（4）排除属于糖酵解性质的负荷。减少重复滑跑和间歇滑跑总负荷量，方法是：减少一次持续工作时间，增加休息时间，严格控制负荷强度。

（5）可适当增加一般身体训练量（也可作为日训练中的第二次课内容），内容可安排越野跑、跑步、走步、登山活动。

（6）高原训练适应期结束后，运动员在中等高等条件下，按训练计划内容进行，可参加若干次检查性比赛和测试，以保持专项负荷强度。

（7）由于在冰质优良的高原冰场进行24～30天训练可能会降低运动员的力量水平（主要指定型蹬冰动作节奏下的蹬冰力量），因此，必须注意安排保持滑步力量特征相应水平的各项力量练习。如可在未加工过的冰场做滑跑练习、速滑运动专门性练习、负重滑跑练习等。

九、陆上基本技术训练内容

（一）滑跑姿势的训练

（1）目视前方，颈部放松，合肩含胸，上体稍前倾，髋、膝、踝三关节微屈，双膝、双脚并拢向前，身体重心通过支撑中心，两臂放松，自然伸直下垂。

（2）目视前方，颈部放松，合肩含胸，上体前倾，接近与地面平行，上体成流线型，髋、膝、踝三个关节弯曲接近正确滑跑姿势的三关节角度，重心通过支撑中心，两臂放松，自然伸直，贴在后左侧，两手分别握于左右踝部外侧。

（3）目视前方，颈部放松，上体前倾至肩稍高于臀，合肩含胸，成流线型，下肢蹲屈度和教法（2）相同，两臂放松，自然伸直，贴近躯干，两手互握置于臀部上。

（4）成滑跑姿势的深蹲屈动作练习。练习时应注意：

①上体放松，合肩含胸，成流线型。

②下肢三关节（髋、膝、踝）的夹角之和为160°～190°。

③双膝、双脚并拢，膝盖、脚尖向前。

④身体重心通过支撑中心，不得偏前、偏后。

（二）直道滑跑动作技术训练

（1）成滑跑姿势的前冲下蹲走。身体成滑跳姿势，大步向前走动，距离随场地条件和对象特点而定。

【注意事项】

① 后蹬腿积极用力快速后蹬，后蹬角度不大。借惯性的反作用力离开地面，迅速前收（往胸下收），膝盖前顶，小腿不得前摆，主动积极着地，着地时脚尖向前，可背臂、单摆臂和双摆臂。距离根据场地条件和对象特点而定。

② 重心移动速度和走动速度一致。

③ 重心移动方向与走动方向基本相同。

④ 走动时，臀部平稳压住，不能起伏。

（2）原地做出腿动作练习。身体成滑跑姿势，左右腿交替后引，做左右侧出腿练习。

【注意事项】

① 后引腿方向正，引至大腿垂直地面，小腿平行地面。

② 重心位于支撑腿上，通过支撑中心。支撑腿膝盖前弓超过该脚脚尖。

③ 沿地面最短距离移动。

④ 向左右侧出腿时，侧出腿伸直，脚尖向前，其脚尖与支撑腿脚尖齐平。

⑤ 重心位于支撑腿上。

⑥ 正确完成"三点一线"的技术，即头部、支撑腿膝盖和该支撑脚三点在一垂直线上。

（3）原地滑行。身体成滑行姿势，左右腿交替滑出。

【注意事项】

① 重心左右移动，失去平衡，开始运动。

② 重心移动速度、方向和身体向左右倾倒相一致。

③ 每步向前移动距离为半步远，浮脚着地时，脚尖向前，向左右移动距离由队员个人条件而定。

④ 滑行的方向直而正。

（4）行进间滑行。开始姿势同训练（1），左右腿动作同训练（3）。

【注意事项】

①~④同练习（3）的注意事项①~④。

⑤ 向左右前移距离加大，蹬地方向向侧后，与前进方向保持30°~40°角。

（5）原地滑跳。开始姿势同练习（1）~（4），左右脚向左右原地交替跳出。

【注意事项】

① 向左右倾倒时身体一致。

② 身体重心移动方向同身体移动方向、速度方向一致。

③ 身体同时向左右移动，注意直线性。

④ 滑跳距离根据对象情况确定，一般男同学从1.2米、女同学从1.0米开始。随着动作质量提高而调整。

⑤ 支撑腿落地后完成"三点一线"技术。

⑥ 身体向左右移动是蹬地腿用力快速蹬地的结果，不是由身体带动而完成的。

（6）行进间滑跳。身体成滑跑姿势，左右腿交替向侧、向前跳出。

【注意事项】

①~⑥同练习（5）的注意事项①~⑥。

⑦ 前移滑跳距离为两脚或两脚以上。

⑧ 蹬冰方向向侧、向后。

（三）弯道陆上滑行技术训练

（1）借外力做身体向左侧倾倒练习。开始姿势成直道滑跑姿势，身体向左侧倾倒。

【注意事项】

① 保证原来动作结构不变的情况下向左倾倒。

② 向左倾倒时，保持身体向左倾倒的一致性。

③身体重心通过支撑中心，臀部先倾倒。

（2）原地出左右腿动作练习。开始姿势成直道滑跑姿势，右脚做连续侧出收回动作，左脚做连续侧出收回动作。

【注意事项】

①右腿从身体的侧后方出腿。

②左腿从身体的正侧方出腿。

③重心投影点位于支撑点左（里）侧。

④侧出腿收回时支撑腿并拢。

（3）交叉压步练习。开始姿势同"（二）直道滑跑动作技术训练（1）~（4）"右腿蹬地收回时，越过左脚完成交叉步动作，左脚同时向右侧蹬出。

【注意事项】

①右腿收回时在左脚前左侧着地，脚尖指向切线方向，膝关节内合（向左倾斜），同时左脚向右侧方蹬出收回时，在右脚前内侧着地，脚尖指向切线方向。

②正确完成"三点一线"技术。

③身体尽量保持向左侧倾倒的一致性。

④肩向右侧离开假想弧线，臀部向里（左）靠近假想弧线。

⑤严格控制侧跨动作。

（四）陆上起跑动作训练

（1）外八字跑。目视前方，上体稍前倾，挺腰，提臀，两臂自然放松，配合两腿前后摆动，两脚成外八字跑。

【注意事项】

①身体重心前移跟上。

②髋关节放松，膝和脚尖外转，两脚跟向前送。

③速度逐渐加快。

（2）上坡（15°~25°）外八字跑。要求同练习（1）。

（3）正面点冰式起跑。要求同基本技术。

【注意事项】

① 重心偏于后腿，用前脚冰刀前部点冰（不准破坏冰面）。

② 重心由势能变动能速度加快，前脚外转角度变大，用冰刀前半部内刃咬住冰面。

③ 动作衔接自然、协调、准确。

十、冰上部分训练内容

（一）直道基本技术训练

1. 冰上站立与行走

目视前方，合肩含胸，上体放松前倾，两臂自然放松，伸直下垂。髋、膝、踝三关节稍弯曲，用冰刀内刃咬住冰面。

【注意事项】

（1）上体一定要弯曲前倾，两腿必须弯曲。

（2）重心通过两冰刀之间的中间部位。

（3）用冰刀内刃咬住冰面。

（4）随着对冰面特点的适应，缩短两刀之间的距离和变换冰刀刀刃的使用。

2. 外八字行走

借助身体重心的前移，带动两腿做外八字走的动作，逐渐带有滑动特点。

【注意事项】

（1）借重心移动而移动，重心通过支撑中心。

（2）滑动时，重心移动方向和滑动方向一致。

（3）随着滑动距离的增长，培养平稳能力，体会滑动，建立滑行感觉。

3. 直道滑跑技术

（1）拉长步伐慢滑。

【注意事项】

① 培养滑行能力，没有技术要求。

②通过滑行建立感觉，适应冰面的滑、硬等特点。

③在不要求技术的前提下尽量拉长步伐滑行，提高学习兴趣，培养勇敢顽强的精神和克服困难的决心。

④利用各方面外力条件进行帮助与保护。

⑤逐步拉长距离，加快速度，提高适应能力。

（2）借惯性速度做双脚平稳的直线滑行练习。借3～5步蹬冰的惯性速度，上体前倾与冰面接近平行，双膝、双腿并拢，用双脚冰刀的正刃（平刃）滑行。

【注意事项】

①上体一定成流线型，合肩含胸，两臂自然配合。这时最好不背臂，双膝、双脚一定要并拢。

②身体重心通过支撑中心（即冰刀的中部），偏前、偏后都是错误的。

③用冰刀平刃（正刃）滑行。

④滑行方向正、直。

⑤髋、膝、踝三关节弯曲，符合蹲屈规律，特别是膝关节一定向前弓。直腿滑行是错误的，正确完成滑跑姿势。

（3）提高直道技术的练习应集中解决以下重点问题：

①在掌握完整技术的前提下，突出解决右腿的惯性滑跑和左腿的收腿动作。

②突出解决右腿的蹬冰动作和左腿的冰刀着冰动作。

③突出解决第①、②组动作。

④突出解决右腿收腿动作和左腿惯性滑跑动作。

⑤突出解决第①、②、④组动作的配合。

⑥突出解决右腿冰刀着冰动作和左腿蹬冰动作。

⑦突出解决一个动作周期的完整技术练习。

4.弯道滑跑技术的训练

（1）向左做直线交叉步练习。动作要求：

①体会两腿交叉动作，建立感觉。

②只做交叉步动作，没有滑进动作。

③左右脚冰刀均可以用冰刀平刃支撑。

④重心通过支撑中心。

⑤掌握重心移动规律。

（2）左脚外刃支撑滑行练习。在直道滑跑的基础上，左腿收腿并拢，身体向左侧倾倒，左脚冰刀用外刃着冰滑行，路线要直而长。动作要求：

①体会身体向左侧倾倒的感觉。

②体会左脚冰刀外刃支撑着冰滑行。

③体会左脚冰刀外刃、右脚冰刀内刃支撑着冰动作。

（3）直弯道交替动作练习。动作要求：

①做好左脚下刀前的准备动作，收腿并拢。

②臀部向左侧倾倒。

③左脚外刃支撑滑行，滑得正、滑得直、滑得远。

④身体重心落在左腿上。

⑤左脚支撑滑进距离尽量增长。

（4）冰刀不离冰面的交叉步练习。练习方法基本上同弯道滑跑技术。动作要求：

①～⑤同"（3）直弯道交替动作练习"中的①～⑤步练习。

⑥左右脚不离开冰面完成交叉步练习。

⑦右脚冰刀在左脚冰刀前部滑过成交叉步。左脚冰刀以滑动姿势滑向右脚冰刀的左前侧。

（5）在不同半径的圆弧上练习。练习方法同前。动作要求：

①首先在小半径圆弧上做连续压步练习。

②姿势由高到低，速度由慢到快，半径由大到小，身体倾倒角度由小到大。

③左脚冰刀用外刃向前送蹬冰。

④其他要求同前。

（6）在正规跑道上练习。练习方法同前。动作要求：

① 中速度、快速度。

② 熟悉入弯道点。

③ 做好入弯道的准备动作。

④ 掌握弯道滑跑路线的规律。

⑤ 其他要求同前。

⑥ 全面完整地提高技术。

5.起跑技术训练

（1）行进间反应练习。动作要求：

① 听信号行进间加速。

② 动作反应快、衔接好。

③ 上下肢协调配合。

（2）行进间外八字跑练习。动作要求：

① 动作反应快、衔接好。

② 上体前倾，挺腰，提臀。

③ 重心前移失重。

④ 髋关节放松，膝关节外转。

⑤ 用冰刀内刃着冰，着冰轻，咬冰狠。

（3）滑跑姿势练习。动作要求：

① 放松，重心偏于后腿上，用冰刀前部着冰。

② 前脚外转角度大，完成动作快。

③ 蹬冰力量大，蹬冰速度快。

④ 由静止变起动，协调自然。

⑤ 不同距离、不同速度练习。

（二）全年训练的基本任务

全年训练的基本任务就是指全年对运动员进行全面身体训练、专项训练以及技术、战术、心理因素的训练，不断提高训练水平，创造本人当年的最高成绩。根据我国速度滑冰的发展现状和比赛特点可以把全年训练划分为过渡期、准备期、比赛期三个时期。由于人工制冷冰场在我国的出现，早期上冰、延长冰期使传统的阶段性划分有所改变，其特点如下：

1. 过渡期

一般指4月份比赛期结束后要休息10天左右开始过渡性训练。训练要求运动量和缓、强度低，主要是进行有氧训练和多种项目的活动，采取灵活多样的运动形式。这个时期要多进行灵敏性、柔韧性的练习。

一般训练内容如下：

① 越野跑、林间法特莱克跑。

② 各种球类活动。

③ 各种体操练习。

④ 长距离自行车骑行。

⑤ 一般力量练习。

在过渡期还要完成队伍的调整工作，解决上年度存在的训练问题、思想问题，制订新一年度的训练计划和指标，准备投入新时期的训练。

2. 准备期

5月至12月中旬，这个时期是陆上训练和冰上赛前训练的阶段，也是全年训练时间最长、最重要的训练时期，直接关系到运动水平的提高。

准备期分两个阶段，即一般训练阶段和专项训练阶段。它的任务是对运动员身体进行一般性和专门性的全面训练，大大提高身体的机能，改善技术水平，为运动员参加比赛打下良好的基础。

一般训练阶段主要是对身体进行全面的训练。

这个阶段可以根据需要分为恢复适应中周期和基础身体中周期。这个阶段初期的训练主要是逐渐增加训练量，保持较小强度，进行一般身体发展的练习；中期要在增加运动量的同时，逐渐提高训练强度，并且以一般身体训练为主，专项身体训练为辅。无氧训练在整个训练中的比例逐渐增加，广泛使用间歇训练法、重复训练法、变换训练法和循环训练法。身体素质发展到较高水平，专门性力量和耐力也得到较快的发展。

专项训练阶段可以划分为基础专项身体训练中周期、专项恢复适应中周期、专项训练中周期和赛前检查训练中周期四个部分。

基础专项身体训练中周期的任务是在身体全面训练的基础上，进行大量专门性的身体训练。发展专项力量的模仿性滑跳、滑行走、屈膝走，各种诱导性练习和发展专项耐力的练习次数和强度逐渐增多，一般身体训练逐渐减少。

10月份进入早期上冰，这个时期为专项恢复适应中周期，其主要任务是发展专项一般耐力，改进技术，进行有氧代谢训练，滑跑量逐渐增加，强度较小。

专项训练中周期的任务是发展和提高各专项耐力，根据运动员的特点有选择地使用各种训练法。运动量（特别是强度）逐渐达到冰期的最高峰，中、短距离无氧训练量增加，但要保持必要的陆上身体训练课次，一周可进行两次陆上身体训练。

3. 比赛期

赛前检查训练中周期的主要任务是做好赛前的调整训练，达到最佳竞技状态，在比赛中创造最好成绩。这个训练中周期的运动量要明显减少，强度提高，保证足够的休息，做好参加比赛的精神准备。多熟悉起跑、弯道等技术，进行速度训练和掌握比赛速度的训练，主要采用重复训练法、分段训练法、长间歇训练法和短冲刺训练法。

全年训练工作应注意以下几点：

（1）过渡期要注意身体机能的恢复和调整，充分缓解神经系统的疲劳。

（2）5月份开始以有氧训练为主的陆上训练，可以进行少量的无氧代谢的训练。

（3）7月初开始以有氧代谢与无氧代谢的混合训练为主，要求心率为170～180次/分。

（4）上冰前有一段较短的时间进行调整，约为10天，训练量和强度都略有下降，但这时的训练要求仍不低于7月份的平均水平。

（5）冰陆交替阶段为3～4周，逐渐减少陆上专项素质训练课次和训练量，增加冰上课次和训练量。冰、陆训练衔接要协调、自然。第一周以陆地训练为主，第四周以冰上训练为主，第四周后逐渐开始提高强度。

（6）11—12月中旬是向全年最高强度冲击的一段时间，这一阶段要密切注意运动员的生理反应。比赛期一般在12月至次年的3月末。进入比赛期后，降低运动量、提高训练强度的特点逐渐明显，可以在训练中多进行比赛测验，搞好赛前调整，合理安排陆上训练，保持身体的机能水平。

十一、速度滑冰训练计划

（一）训练计划

训练计划包括多年训练计划、全年训练计划、时期或阶段训练计划、周或小周期训练计划和课时训练计划五个方面的内容。多年训练计划能保证运动员有计划、系统性地训练，使身体各器官的能力达到较高水平，掌握完善的技术。

1.多年训练计划的内容

（1）总的指导思想、任务和目的、年限和各年的任务。

（2）总的训练原则和各年训练的主要原则。

（3）运动员现在的技术、素质、专项水平和机能情况，各年和最后预计要达到的水平。

2.多年训练应遵循的原则

（1）运动员身体的全面发展水平、专项能力逐年提高。

（2）各年的运动量和训练水平逐年提高。

（3）根据个人特点和变化区别对待，灵活执行计划。

（4）定期总结，发现问题及时改进。

（5）各年的训练方法要交替变化，提高运动员的训练兴趣和效果。

3.年度训练计划的内容

（1）全年训练的指导思想、目的和任务。

（2）周期和阶段的划分及各自的任务，主要训练内容、训练方法、训练手段。

（3）身体素质和专项指标、技术要求、训练次数、时数和总量。

4.时期或阶段训练计划的内容

（1）各时期或各阶段的任务。

（2）各时期或各阶段训练的内容、方法和手段。

（3）各时期或各阶段的素质、技术及冰上专项指标，训练次数、时数、总量和强度。

5.周或小周期训练计划

周或小周期训练计划就是把一个阶段分成若干个周或小周期（10天、12天、15天都可以），根据阶段计划具体规定训练任务、方法、手段、运动量、训练次数和时数。周计划一般可以这样安排：

（1）周一、周四上午提高非乳酸盐无氧代谢能力的训练，下午进行有氧训练。

（2）周二、周五上午提高糖酵解无氧代谢的能力，下午进行有氧训练。

（3）周三、周六上午提高非乳酸盐无氧代谢的能力，下午提高糖酵解无氧代谢的能力。

6.课时训练计划

课时训练计划是根据周或小周期训练计划制订的最具体的训练计划。课时训练计划对训练目的、内容、训练量和强度、训练手段、速度或指标的要求，以及重复次数、间歇时间、练习顺序都有明确、具体的规定。一次训练课由准备部分、基本部分和结束部分组成。

（二）计划内容、方法和手段

速度滑冰运动员的身体训练是由一般身体训练、专门性身体训练和冰上专项训练组成。

1.速度滑冰运动员一般身体训练的内容

（1）全面提高身体素质，提高身体机能的练习。

（2）神经肌肉用力和整个肌体运动方向同速度滑冰有相同或相似的练习。

（3）对专项素质提高有益处的辅助练习。

（4）发展一般协调能力的练习。

（5）促进恢复的练习。

2.速度滑冰运动员专门性身体训练的内容

（1）神经肌肉用力和动作结构方面与速滑的特点相同的练习。

（2）在速度滑冰运动中起主要作用的肌肉群、爆发力和力量、耐力的练习。

（3）有助于掌握和改进技术的练习。

（4）发展有氧代谢、无氧代谢的能力，提高竞技水平的练习。

3.冰上专项训练内容

（1）专项技术练习为主的训练。

（2）发展专项体能为主的训练。

（3）战术主导的实战训练。

速度滑冰运动员对身体素质发展水平有特殊的要求，这些要求决定了速滑运动员的身体训练结构。

第二节 短道速滑的主要训练方法与训练内容

一、技术教学与训练方法

（一）陆上训练内容、方法与负荷

1.基本姿势

【教学目标】学习和体会基本姿势动作；让运动员掌握正确的基本姿势，掌握重心位置。

【动作要领】双脚微微打开，成站立姿势，目视前方，膝关节向脚尖方向前弓，和脚尖成直一线，膝关节位置超脚尖约5厘米。上体前倾成10°～30°角，小腿与水平面成45°角，同时大腿蹲屈成90°～110°角，目视前方，上体放松下降在大腿上方，两肩稍高于水平面，双手放松背在腰部位置，重心通过脚踝落在两脚中心位置。

【教学重点】让重心位置保持在两脚的中间位置。

【教学难点】双腿重心掌控在两脚踝骨正下方。

【易犯错误】肩低臀高，膝盖内扣。

【纠正方法】教练员帮助运动员恢复到正确角度。

【训练方法】双腿静蹲5～30秒，随着水平不断提高，逐步递增练习时间和次数。

2. 单腿支撑

【教学目标】学习和掌握单腿支撑动作，帮助运动员提高平衡能力，更好地掌握重心位置。

【动作要领】基本姿势蹲好，一条腿放松提膝盖，同时重心完全放在支撑腿上面，膝盖高过支撑腿后，放松落回基本姿势，交换另一条腿。

【教学重点】保持身体平衡，控制好重心，尽可能地不要晃动。

【教学难点】支撑腿保持鼻、膝、脚尖三点成一线。

【易犯错误】扭肩，倒肩，左膝内倒。

【纠正方法】教练员帮助运动员体会支撑腿鼻、膝、脚尖三点成一线。

【训练方法】单腿10～30次，随着水平不断提高，逐步递增练习次数。

【注意事项】抬落腿时，保持动作角度不变和稳定性。

3. 直线侧蹬冰

【教学目标】学习和体会直线侧蹬冰的动作；体会基本侧蹬方法。

【动作要领】成基本姿势，一侧腿沿身体侧方蹬出，直至蹬出腿完全蹬直后，同时重心移动到支撑腿上。然后，蹬出腿放松提膝盖，同时脚踝向上勾起，慢慢收回成基本姿势。重复动作，更换另外一条腿。

【教学重点】保持身体平衡，侧蹬距离要适中。

【教学难点】支撑腿三点成一线。

【易犯错误】向后蹬冰；失去重心位置；上下肢配合不协调。

【纠正方法】教练员协助运动员改正错误动作。

【训练方法】连续进行10～30次练习，根据水平不断提高，可逐步地加量、加组。

【注意事项】侧蹬腿蹬出和收回时，保持动作稳定性。

4. 单腿后引腿支撑

【教学目标】帮助运动员更好地增加平衡能力，体会单脚滑行技术要领。

【动作要领】成基本姿势蹲好，一条腿向后引，膝关节靠近支撑腿脚踝位置，支撑腿三点成直线。后引腿放松／提膝前收，收回还原成基本姿势。交换另一条腿。

【教学重点】手臂和腿部的配合。

【教学难点】支撑腿保持三点成一线。

【易犯错误】支撑腿膝关节内扣，浮腿偏前或者偏后，浮腿过高。

【纠正方法】教练员帮助运动员改正错误动作。

【训练方法】连续进行 10～30 次练习，根据水平不断提高，可逐步地加量、加组。

【注意事项】后引回收时，应保持动作稳定性。

5. 直线侧蹬冰收腿后引收

【教学目标】学习和体会直线侧蹬冰收腿动作；掌握最基本的直线滑行动作。

【动作要领】基本姿势蹲好，一条腿向侧蹬冰，同时摆臂，完全蹬直后，重心完全落在支撑腿上，浮腿放松向后，并向后提冰刀跟，直至浮腿膝关节贴近支撑腿膝关节位置后，勾脚踝，膝关节带动大腿放松前收，收至浮腿脚跟与支撑腿脚尖成直线后，交接重心到另外一条腿，两腿交替进行。

【教学重点】交叉移动，解决对抗肌肉群爆发力。

【教学难点】上下肢配合、蹬摆同步。

【易犯错误】支撑腿膝关节内扣，浮腿后引时不成直线，上下肢配合不协调。

【纠正方法】教练员帮助运动员控制重心位置，改正错误动作。

【训练方法】连续进行 10～30 次练习，根据水平不断提高，逐步地加量、加组。

【注意事项】侧蹬腿蹬出和收回时，保持动作稳定性。

6. 直线移动重心

【教学目标】学习和体会直线移动重心动作；帮助运动员更好地掌握重心位置。

【动作要领】基本姿势，一条腿向侧蹬直，重心完全落在支撑腿上，鼻、膝关节及脚尖成直线，身体保持平行横向移动，摆动手臂，直至重心完全交换到另外一条腿。

【教学重点】保持基本姿势横向移动。

【教学难点】腰、臀、腿同步发力向一侧移动重心。

【易犯错误】先扭转上体，后扭转髋部，摆臂不协调。

【纠正方法】教练员帮助运动员慢慢移动重心，移动时身体每部位要同时移动。

【训练方法】连续进行10~30次练习，根据水平不断提高，可逐步地加量、加组。

【注意事项】保持平衡，平稳横向移动。

7. 弯道双腿支撑

【教学目标】学习和体会弯道双腿支撑动作；体会弯道滑行基本姿势，掌握正确弯道重心。

【动作要领】布带固定在某物体上面，运动员把固定好的布带放置髋部偏上位置，双脚微微打开，向布带右侧移动一脚距离，右髋平行推向左髋部，成不蹲倾倒姿势。右手放松抓住布带，右肩放松压低，左肩略高于右肩，左手自然背在左腰部。

【教学重点】上体与髋、膝、踝关节依次左倾。

【教学难点】重心落在全脚掌。

【易犯错误】左肩低于右肩，左腿膝关节内扣。

【纠正方法】教练员帮助运动员压住右肩，身体重心位置和右腿、右髋、头成一条直线。

【训练方法】原地练习10~30秒，根据水平的不断提高，逐步地加时、加量和加组。

【注意事项】布带松紧度要控制好。

8. 弯道双腿蹲起

【教学目标】学习和体会正确的弯道滑行姿势；掌握正确的倾倒角度。

【动作要领】弯道基本姿势蹲好，双腿向斜上方蹬起，蹬直后，双腿下蹲。

【教学重点】蹬起时控制重心稳定性。

【教学难点】双腿同时用力蹬出。

【易犯错误】蹬起时扭转身体，蹲屈时臀部向外转。

【纠正方法】教练员帮助运动员保持一定的倾倒角度，控制重心稳定性，改正错误动作。

【训练方法】原地练习 10～30 次，根据水平的不断提高，逐步地加时、加量和加组。

【注意事项】布带松紧度要控制好。

9. 弯道单腿支撑

【教学目标】帮助运动员掌握正确的重心位置；更好地体会重心位置的交替变化。

【动作要领】弯道基本姿势蹲好，向侧蹬出右腿，重心完全在左腿上，蹬直后放松浮腿，并收回右腿，重心交替移动到右腿上面，同时左腿向后引腿，直至左腿膝关节靠近右脚脚踝位置，慢慢收回。

【教学重点】支撑腿保持三点成一线。

【教学难点】保证支撑腿角度。

【易犯错误】向后蹬冰，身体扭转，失去重心平衡。

【纠正方法】教练员帮助运动员放慢速度，保持身体平衡，锁紧身体各个关节。

【训练方法】连续 10～30 次练习，随着水平不断提高，逐步递增练习次数。

【注意事项】交替重心保持重心稳定。

10. 弯道交叉步

【教学目标】学习和体会弯道交叉步动作；掌握弯道交叉步的基本动作要领。

【动作要领】目视前方，左手背在腰部，右手放松垂落在身体右侧。右髋部平衡向左髋部推动，同时双腿下蹲，上体放松落在大腿上方，左肩微微抬起，右肩放松压在右腿上方。成蹲屈角度后，提高左腿膝关节，同时右腿向斜上方蹬起，完全蹬直后，全部重心向左侧倾倒，左腿放松落下，重心位置交换至左腿上面，右腿放松提高膝关节，交叉穿过左腿，放松落下，重心交换至右脚。

【教学重点】上下肢配合、蹬摆同步。

【教学难点】落地缓冲，重心稳定。

【易犯错误】失去平衡，膝关节抖动，上下肢无法配合。

【纠正方法】教练员帮助运动员每个动作之间尽量放慢速度，控制平衡，控制重心。

【训练方法】连续进行10～30次练习，随着水平不断提高，逐步递增练习次数和时间。

【注意事项】动作要按照顺序完成，不要过急。

（二）冰上训练内容、方法与负荷

1. 双脚支撑滑行

【教学目标】学习和体会双脚支撑滑行动作，让运动员掌握基本的滑行姿势要领。

【动作要领】目视前方，成基本姿势蹲好，教练员给予运动员推动力，使运动员保持基本姿势向前滑行。

【教学重点】基本姿势保持重心要稳。

【教学难点】双脚立刃支撑。

【易犯错误】肩低臀高，背过于紧张，低头。

【纠正方法】先原地按照要领蹲好，蹲好后教练员向前推动运动员，保持正确姿势滑行。

【训练方法】独立或双人帮扶练习 10～20 米，随着水平不断提高，逐步递增练习距离。

2. 交接重心

【教学目标】进一步学习和掌握重心交接动作；建立良好的平衡能力，掌握重心位置。

【动作要领】成基本姿势蹲好，膝关节向上抬起，重心放置支撑腿，三点一线，上体姿势不变，左右腿交替进行滑行。

【教学重点】全脚掌（全刃）抬腿和落刀。

【教学难点】重心移动要迅速。

【易犯错误】膝关节内扣，身体扭转。

【纠正方法】教练员帮助运动员保持身体平衡，改正膝关节内扣和身体扭转等错误动作。

【训练方法】独立或双人帮扶练习 10～20 米，随着水平不断提高，逐步递增练习距离。

【注意事项】抬腿不要过高，动作后倾。

3. 直线侧蹬冰

【教学目标】学习和体会直线侧蹬冰动作；让运动员掌握正确的蹬冰方法。

【动作要领】基本姿势下蹲，一条腿推动冰刀跟，直到完全蹬直放松提膝关节，慢慢收回至基本滑行姿势，同时重心完全移动到另一条腿上，两腿交替练习。

【教学重点】身体重心三点一线。

【教学难点】重心移动要迅速。

【易犯错误】蹬冰方向偏后；支撑腿失去重心；动员重心过早移动。

【纠正方法】由教练员帮助运动员向侧推动冰刀，同时控制运动员重心位置。

【训练方法】直道连续练习 2～4 次，交替反复 8 次，随着水平不断提高逐步递增练习次数。

【注意事项】滑行中全脚掌向侧推出，各个关节角度不变。

4.单腿支撑交替重心

【教学目标】让运动员掌握正确的单脚支撑滑冰方法及后引腿伸出和收回方法。

【动作要领】基本姿势，一条腿向后引，膝关节更靠近支撑腿脚踝位置，支撑腿和脚尖头部成直线。后引腿放松提膝前收，收回到基本姿势，交换另一条腿，同时配合摆臂动作，重复动作练习。

【教学重点】支撑腿保持三点成一线。

【教学难点】平刃支撑，浮腿位于踝关节。

【易犯错误】浮腿过高。

【纠正方法】教练员帮助运动员的浮腿位于踝关节下，推动运动员冰刀跟，冰上尖可以触冰。

【训练方法】连续进行10~30次练习，随着水平不断提高，逐步递增练习次数。

【注意事项】支撑腿全脚掌支撑。

5.直线侧蹬冰收腿

【教学目标】学习和体会直线侧蹬冰收腿动作；掌握正确的直线滑行技术。

【动作要领】基本姿势蹲好，一条腿向侧蹬冰，同时摆臂，完全蹬直后，重心完全落在支撑腿上面，浮腿放松向后引，并向后提冰刀跟，直至浮腿膝关节贴近支撑腿膝关节位置后，勾脚踝，膝关节带动大腿放松前收至基本姿势。

【教学重点】支撑腿保持三点成一线。

【教学难点】蹬出后摆收的时机。

【易犯错误】肩低臀高，上下肢配合不协调。

【纠正方法】教练员帮助运动员纠正肩低臀高动作以及上下肢配合动作。

【训练方法】连续进行4~8次练习，随着水平不断提高，逐步递增练习次数。

【注意事项】支撑腿全脚掌蹬冰。

6. 直线重心移动

【教学目标】学习和体会直线移动重心动作；加强运动员重心移动的方法。

【动作要领】基本姿势蹲好，一条腿向侧蹬直，重心完全在支撑腿上，鼻、膝及脚尖三点成一条直线，身体保持平行横向移动，摆动手臂，直至重心完全交换到另外一条腿。

【教学重点】上体带动腰臀腿发力蹬冰。

【教学难点】上体与腰臀腿同时移动。

【易犯错误】先扭转上体，先扭转髋部。

【纠正方法】教练员帮助运动员控制重心过早移动。

【训练方法】连续进行2~4次练习，随着水平不断提高，逐步递增练习次数。

【注意事项】腰臀腿发力移动。

7. 双脚内外刃滑行

【教学目标】学习和体会双脚内外刃滑行动作；提高协调性和对冰刀的控制能力。

【动作要领】在冰面放置若干标志块，运动员基本姿势下蹲起速，双脚蛇形绕行标志块滑行。

【教学重点】滑行绕桩路线的选择。

【教学难点】正确掌握内外刃。

【易犯错误】没有利用内外刃滑行。

【纠正方法】刚刚开始时放慢速度，教练员可帮助运动员使用内外刃变换重心。

【训练方法】8桩往返连续2~4次，随着水平不断提高，逐步递增练习次数。

【注意事项】标志块摆置宽度适合。

8. 弯道双脚倾倒

【教学目标】学习和体会弯道双脚倾倒动作；让运动员掌握正确的倾倒角度及重心位置。

【动作要领】在起点加速，待有一定速度时，身体按照弯道基本姿势自然倾倒，用惯性及重心完成圆形（小圆弯道）。同样方法可进行顺时针和逆时针的练习。

【教学重点】上体与髋、膝、踝关节依次倾倒。

【教学难点】双脚平行以及内外刃的变换使用。

【易犯错误】扭臀，左肩低右肩高。

【纠正方法】教练员帮助运动员倾倒时保持身体平衡和一致性。

【训练方法】连续进行3~5圈练习，换方向练习，随着水平不断提高，逐步递增练习距离。

【注意事项】内外刃的变化和使用。

9. 弯道右腿侧蹬冰

【教学目标】学习和体会弯道右腿侧蹬冰练习技术；掌握正确的弯道右腿侧蹬冰方法。

【动作要领】弯道基本姿势下蹲，右腿推动冰刀跟，直至完全蹬直，放松右腿提膝收起脚踝，慢慢收腿成弯道基本姿势滑行。

【教学重点】上下肢配合、蹬摆同步。

【教学难点】全刃向侧推蹬。

【易犯错误】向后蹬冰，身体随着蹬冰腿移动重心。

【纠正方法】教练员帮助推动蹬冰腿保持正确方向，同时控制运动员重心移动。

【训练方法】连续进行10~30次练习，随着水平不断提高，逐步递增练习次数。

【注意事项】上下肢配合、蹬摆同步。

10. 180°跳转滑行

【教学目标】学习和掌握180°跳转滑行动作；让运动员更好地掌握平衡能

力及灵活性。

【动作要领】起速后基本姿势滑行，向上跳起同时转身180°，放松落冰，向后滑行一段时间后，同时跳起转身180°。

【教学重点】上下肢配合、蹬摆同步。

【教学难点】落地时全刃缓冲着地。

【易犯错误】跳起时身体同时抬高。

【纠正方法】教练员帮助运动员控制上体，保持身体平衡。

【训练方法】连续跳转4～8次，随着水平不断提高，逐步递增练习次数。

【注意事项】跳转时上体不要抬起。

二、技术教学与训练方法（初级）

（一）陆上训练内容、方法与负荷

1. 侧蹬冰板

【教学目标】学习和体会侧蹬阻力动作；体会蹲低、立稳、侧冰用力顺序。

【动作要领】滑冰姿势，双足蹲屈蹬冰板上，一腿支撑体重，另一腿向侧蹬出，然后放松收回，承接体重，另一腿向侧蹬出，反复练习。

【教学重点】保证支撑腿三点成一线。

【教学难点】侧蹬冰用力顺序。

【易犯错误】侧跨，身体重心不稳，腿蹬不直。

【纠正方法】身体重心垂直放在支撑腿上，蹬冰腿蹬直后稍停一下。

【训练方法】单腿练习10～30次，随着水平不断提高，逐步递增练习次数。

【注意事项】注意动作质量，保持基本姿势不变形。

2. 布带原地牵引

【教学目标】学习和掌握弯道正确的支撑、用力方向及收腿的顺序。

【动作要领】布带牵引，一腿支撑成滑冰姿势，另一腿置于身体重心侧方，支撑腿开始蹬起时浮腿开始做收腿动作。身体重心要始终向左侧倾倒，两肩平行。

【教学重点】保持身体平衡，控制好重心，尽可能不要晃动。

【教学难点】保持身体重心平衡。

【易犯错误】扭肩，倒肩，左膝内倒。

【纠正方法】鼻、膝、脚尖三点一线。膝关节前弓，两肩、两髋平行。

【训练方法】双腿站在板上开始，牵拉进行单腿慢蹲慢起10～30次，逐步递增练习次数。

【注意事项】练习前，应认真准备和检查好训练器材。

3. 侧向曲线跑

【教学目标】学习和体会侧向曲线跑的动作；提高位移速度和动作频率。

【动作要领】面对标志块左脚横向并向左移动，右脚横向并向右移动，双脚快速在标志块空隙左、右曲线向前移动。

【教学重点】保持身体平衡，控制重心，尽可能不要晃动。

【教学难点】位移速度和动作频率。

【易犯错误】低头，双脚向前方移动。

【纠正方法】双足、身体与移动方向成垂直180°向侧移动。

【训练方法】进行直线10～30米横向移动练习，随着水平不断提高，逐步地加量、加组。

【注意事项】练习前，应认真准备和检查好训练器材。

4. 换标志块

【教学目标】学习和体会左、右手换标志块动作；提高协调性和动作速度。

【动作要领】滑冰姿势，右手拿起一个标志块身体向右移动，左手拿起第二个标志块后，将右手中标志块放在空位上，然后身体向左移动，标志块逐一换至第七个标志块，然后，按七、六、五、四、三、二、一逐一返回即可。

【教学重点】手臂和双腿的配合。

【教学难点】保证动作的连续性。

【易犯错误】拿起块以后倒手。

【纠正方法】要求左手拿起左手放下，右手拿起右手放下。

【训练方法】7块标志块练习，往返2次，随着水平不断提高，可逐步地加量、加组。

【注意事项】练习前，应认真准备和检查好训练器材。

5. 三角摸块

【教学目标】学习和体会三角摸块动作；提高协调能力和专项素质。

【动作要领】20个标志块，摆成边长1.8～2.0米的等边三角形，滑冰姿势对准标志块，向左右交叉步，用左手摸左边标志块，用右手摸右边标志块，反复练习。

【教学难点】上下肢配合、蹬摆同步。

【易犯错误】双腿不做交叉步，左脚向左迈，右脚向右迈。

【纠正方法】成滑冰姿势单足支撑，一腿侧出。开始时浮腿向支撑腿前侧方向收回并成为新的支撑腿落地支撑体重。

【训练方法】手臂配合双腿同时发力交叉移动，进行10～30次练习，逐步地加量、加组。

【注意事项】控制好标志块摆放的位置和距离。

6. 钻栏架

【教学目标】学习和体会往返钻栏架动作；发展协调性，强化专项素质。

【动作要领】侧对栏架，成滑冰姿势，连续向左或右钻栏架，钻出最后一个栏架后，双脚必须移出栏架外，然后向相反方向返回。

【教学重点】保持基本姿势横向移动。

【教学难点】每步跨越的距离要控制好。

【易犯错误】手扶栏架或扶地，到边时脚部不能移出来。

【纠正方法】手在胸前、头下，到边时浮腿移出栏架外，着地后再向相反方向移动。

【训练方法】5个栏架往返10～30次练习，可逐步地加量、加组。

【注意事项】保持平衡，基本姿势不变形。

7. 跳、钻栏架

【教学目标】学习和体会跳、钻栏架动作；提高爆发力，改善肌肉质量。

【动作要领】面对栏架，双足跳过栏架，双足落地后，迅速向左钻过栏架，然后再跳过栏架，落地后再钻，直至到达终点。

【教学重点】上下肢配合、蹬摆同步。

【教学难点】跳、钻的衔接要迅速。

【易犯错误】跳栏架时低头，钻栏时手扶栏架或扶地，分腿或身体不协调。

【纠正方法】跳栏架时要始终保持抬头、收腹姿势，钻栏架时双手在胸前、头下。

【训练目的】提高股四头肌的抗酸能力，提高一定的专项力量耐力。

【训练方法】从8个栏架开始练习，随着水平的不断提高，逐步地加时、加量和加组。

【注意事项】栏架间距要控制好。

8. 单足向前高跳

【教学目标】学习和体会单足向前高跳动作；提高专项爆发力，改善肌肉质量。

【动作要领】滑冰姿势，单足支撑，用力向前上方跳起，用起跳腿接稳体重，若干次后换腿。

【教学重点】上下肢配合、蹬摆同步。

【教学难点】落地缓冲，重心稳定。

【易犯错误】落地时重心不稳，重心偏前或偏后。

【纠正方法】落地时不要低头，保持膝关节前弓角度并锁住身体重心在脚掌中后部并压住。

【训练方法】单腿连续进行6次练习，随着水平不断提高，逐步递增练习。

【注意事项】身体重心稳定，重心前移要彻底。

9. 向前、向侧跳

【教学目标】学习和体会单足向前、向侧跳动作；提高专项爆发力，改善肌肉做功质量。

【动作要领】滑冰姿势，单足支撑，用力向前上方高跳起，落地时用蹬地腿接稳体重后迅速向侧180°方向跳出，用异侧腿接稳体重后，再用力向前上方跳起，反复练习。

【教学重点】腰臀腿用力一致。

【教学难点】落地缓冲，重心稳定。

【易犯错误】向侧前跳，而且落地不稳、侧胯。

【纠正方法】向前跳落地后，要脚跟踩住，身体重心平稳向侧跳。落地不要低头，保持膝关节前弓角度并锁住。

【训练方法】练习10～30次，随着水平不断提高，逐步递增练习。

【注意事项】身体重心稳定，重心移动要彻底。

10. 向前、向上、向侧跳

【教学目标】学习和体会向前、向上、向侧跳；提高专项爆发力，改善肌肉做功质量。

【动作要领】滑冰姿势，单足支撑，用力向前上方跳起，落地后，原地迅速向上跳起并屈收腿，落地后迅速向侧180°方向跳出，用异侧腿接稳体重后，单腿用力向前上方跳起，反复练习。

【教学重点】上下肢配合、蹬摆同步。

【教学难点】落地缓冲，重心稳定。

【易犯错误】后蹬、向侧前跳，而且落地不稳。

【纠正方法】向前跳落地后要脚跟踩住，身体重心平稳向侧移。落地不要低头，保持膝关节前弓角度并锁住。

【训练方法】连续跳跃10～30次，随着水平不断提高，逐步递增练习。

【注意事项】动作要按照顺序完成，不要过急。

（二）冰上训练内容、方法与负荷

1. 起跑进入弯道

【教学目标】学习和体会起跑、疾跑，进入弯道加速的能力。

【动作要领】听到"起跑"口令后，迅速发力起动，两肩前顶，双臂摆动，以肩为轴大臂带动小臂，转髋抬腿，幅度要大，后蹬充分。

【教学重点】"两个静止"重心要稳。

【教学难点】掰脚起动的时机。

【易犯错误】起跑后，上体抬得太早。

【纠正方法】两肩前顶，转髋抬腿。

【训练方法】单人或多人连续半圈滑跑练习，随着水平不断提高，逐步递增练习。

【注意事项】上下肢配合协调，掌握好起跑、疾跑，进入弯道的时机。

2. 双足曲线滑

【教学目标】进一步掌握重心交接动作；提高直道双足控制和驾驭冰刀的能力。

【动作要领】从弯道加速滑，直道双脚支撑进成S形线路，腰臀用力，快速移动，通过三个标志块（标志块间距4~5米，横向距离1米），反复练习。

【教学重点】滑行中双脚同时变刃移动重心。

【教学难点】重心移动要迅速。

【易犯错误】肩摆动，冰刀不变刃，冰刀靠不住。

【纠正方法】教练员辅助运动员使其身体重心以腰、臀横向左右移动，双脚靠拢，向左时，左脚外刃右脚内刃，向右时，右脚外刃左脚内刃，不要起伏。

【训练方法】保持滑行中姿势，浮腿侧蹬出，要求左上体压在左腿上开始向右侧移动，臀部和上体同时移动至右腿上，右上体压在右腿上反复移动。

【注意事项】重心移动时，要与标志块稍微保持一段距离。

3. 单足曲线滑

【教学目标】控制直道各关节的稳定性；提高直道单足控制和驾驭冰刀的能力。

【动作要领】从弯道加速滑出后，左腿单脚支撑，进入直道滑"S"形线路，腰臀用力，快速移动，通过三个标志块（标志块间距4～5米，横向距离0.5米）。滑进弯道后交叉压步，反复练习。

【教学重点】身体重心三点一线。

【教学难点】重心移动要迅速。

【易犯错误】左右扭肩，冰刀不变刃，重心不稳。

【纠正方法】教练员扶住运动员腰臀横向左、右移动。

【训练方法】直道连续练习2～4次，交替反复8次，随着水平不断提高，逐步递增练习。

【注意事项】滑行中全脚掌向侧推出，各个关节角度不变。

4. 弯道右腿单蹬

【教学目标】学习和体会弯道右腿蹬冰技术；提高右腿弯道蹬冰质量。

【动作要领】身体重心向左倾倒，右腿支撑，左腿小腿与冰面平行，右脚冰刀踩实压住向右侧前方蹬出，左腿冰刀收腿并于右脚内侧靠拢下刀。

【教学重点】支撑腿保持三点成一线。

【教学难点】平刃支撑，浮腿位于踝关节下。

【易犯错误】身体重心偏后，左脚下刀偏前。

【纠正方法】教练员扶住运动员，体会右脚向侧前方踩住蹬直。左脚与右脚刀尖并拢下刀。

【训练方法】弯道连续右腿练习10～30次，随着水平不断提高，逐步递增练习。

【注意事项】支撑腿全脚掌蹬冰。

5. 弯道交叉压步

【教学目标】学习和体会弯道交叉压步分解滑行动作；掌握正确的蹬冰技术和落刀技术。

【动作要领】身体重心向左倾倒，速度越快倾斜角度越大，右腿膝关节要尽力向前弓，左脚外刃，右脚内刃，支撑要稳，两肩平行，压住蹬，充分蹬直，下刀时要靠拢。

【教学重点】支撑腿保持三点成一线。

【教学难点】不能保持连续向内倾斜。

【易犯错误】倒肩，扭臂、臀，腿不充分蹬直。

【纠正方法】教练员扶住运动员体会三点一线，肩、臀平行向左倾，腿蹬直时停一下。

【训练方法】连续弯道练习10～30次，随着水平不断提高，逐步递增练习。

【注意事项】支撑腿全脚掌蹬冰。

6. 大、小双环滑

【教学目标】学习和体会大、小双环滑技术；提高弯道滑行技术。

【动作要领】直道高速滑跑，进入小弯道滑跑一周半，进入直道滑跑，进入标准弯道滑跑一周半，冲刺到终点，要尽量按弯道半径切线完成滑跑，并有明显加速的感觉。

【教学重点】保证蹬冰的质量和动作的收缩速度。

【教学难点】保证弯道动作的连续性。

【易犯错误】扎肩、倾倒角度小，扣不住圈。

【纠正方法】肩、臀平行向左倾，左脚外刃下大些并且支撑住。右脚压实踩住蹬，半径越小、速度越快、倾倒角度越大。

【训练方法】3圈连续练习2～4次，随着水平不断提高，逐步递增练习。

【注意事项】判断好与标志块的距离。

7. 8字滑动作

【教学目标】学习和体会8字滑动作；提高冰上协调性和对冰刀的控制能力。

【动作要领】直道加速进入正弯道，出弯道后斜线反弯道方向滑进，进入反弯道连续压步出弯道，斜线向正弯道方向滑进，反复练习。

【教学重点】判断好正反弯道的滑行路线。

【教学难点】正反弯道变刃移动重心。

【易犯错误】反弯道右脚冰刀不下外刃，双脚打"弧"。

【纠正方法】教练员扶住运动员体会右脚冰刀靠近左脚冰刀，用外刃下刀尽量单支撑。

【训练方法】4圈连续练习2~4次，随着水平不断提高，逐步递增练习。

【注意事项】正反弯道变刃移动重心的速度要循序渐进、由慢到快。

8. 滑跳

【教学目标】学习和体会滑跳技术；提高专项爆发力和支撑平衡能力。

【动作要领】弯道加速进入直道，左腿单支撑按髋、膝、踝用力顺序发力向侧滑跳，异侧腿平刃着冰后，蹲低，立稳，反复练习。

【教学重点】上下肢配合、蹬摆同步。

【教学难点】落地缓冲，重心稳定。

【易犯错误】后蹬冰、摆肩、腿蹬不直。

【纠正方法】教练员扶住运动员体会蹬冰时身体重心横向侧移的感觉。

【训练方法】连续练习10~30次，随着水平不断提高，逐步递增练习。

【注意事项】上下肢配合、蹬摆同步、缓冲着地。

9. 单腿支撑蹬起

【教学目标】学习和体会单腿支撑蹬起技术；提高支撑力量和肌肉用力顺序。

【动作要领】弯道加速进入直道，左腿单支撑，按髋、膝、踝用力顺序发力蹬直腿，弯道用冰刀外刃支撑蹬起，出弯道后用右腿单支撑。弯道用冰刀内刃单支撑蹬起。

【教学重点】上下肢配合、蹬摆同步。

【教学难点】变刃移动重心。

【易犯错误】直道冰刀立不直；臀压不住。

【纠正方法】教练员扶住运动员身体，体会向上蹬起动作。

【训练方法】连续练习10~30次，随着水平不断提高，逐步递增练习。

【注意事项】上下肢配合、蹬摆同步、缓冲着地。

10. 接力

【教学目标】学习和掌握正确的接力技术与方法。

【动作要领】接替者根据被接替者滑行速度情况，在跑道内侧加速滑行。在预定接力区域前出弯道第六、七标志块中间滑入跑道，蹲屈姿势保持双腿支撑，自由滑进，等被接替者用双手掌对准并接触接替者臀部，双臂用力向前推送。

【教学重点】推接时的手部动作。

【教学难点】推接路线的选择与配合。

【易犯错误】接替者没有注意观察被接替者的速度与位置，过早或过晚滑出直道。重心不稳，被接替者推接替者的身体部位差错或者方向不对。

【纠正方法】两人行进速度尽量同步，推人时要同被推者垂直，双手在胸前用力推被推者臀的中上半部分。两臂、两肩平行用力推出。

【训练方法】4人1组，1圈半接力1次，滑行30圈，随着水平不断提高，逐步递增练习。

【注意事项】推接的时机以及相互配合。

三、技术教学与训练方法（中级）

（一）陆上训练内容、方法与负荷

1. 向上小滑跳

【教学目标】学习和掌握跳跃动作，提高单腿平衡能力。

【动作要领】单腿支撑开始，浮腿回收同时支撑腿做弓，当浮腿收腿至支撑腿脚后跟处，充分蹬地跳起，交换重心，前脚掌缓冲着地。

【教学重点】保证支撑腿角度。

【教学难点】收腿跳起的时机。

【易犯错误】支撑腿三点未成一线，落地不稳。

【纠正方法】教练员帮助运动员支撑腿三点成一线。

【训练方法】左右脚交替向上滑跳，每跳浮腿的膝关节必须贴近支撑腿的踝关节来完成。可从30秒练起，随着水平不断提高，逐步递增练习时间。

【注意事项】长时间滑跳要注意动作质量，保持基本姿势不变形。

2. 平衡球上双脚蹲腿

【教学目标】学习和掌握蹲起动作，提高双腿平衡能力。

【动作要领】双脚站在平衡球上，基本姿势开始做双腿蹲起练习。

【教学重点】保持身体平衡，控制好重心，尽可能不要晃动。

【教学难点】保持身体重心平衡。

【易犯错误】前后、左右晃动身体。

【纠正方法】教练员帮助运动员控制好重心。

【训练方法】双脚站在平衡球上，进行慢蹲慢起，随着水平不断提高，逐步递增练习次数。

【注意事项】练习前，应认真准备和检查好训练器材。

3. 平衡球上单脚蹲腿

【教学目标】体会单腿蹲起动作，提高单腿平衡能力。

【动作要领】双脚支撑，单脚开始，单腿蹲起要求浮腿膝盖贴近支撑腿踝关节，反复练习。

【教学重点】保持身体平衡，控制重心，尽可能不要晃动。

【教学难点】保证重心平衡能力。

【易犯错误】前后、左右晃动身体。

【纠正方法】教练员帮助运动员控制好重心。

【训练方法】单脚站在平衡球上，进行慢蹲慢起10~30次，逐步地加量、加组。

【注意事项】练习前，应认真准备和检查好训练器材。

4. 两次收腿接屈膝走

【教学目标】体会屈膝前移动作，提高重心平衡能力。

【动作要领】单脚支撑开始，浮脚回收至支撑腿脚跟，重心前蹬落腿，交替反复练习。

【教学重点】浮腿膝盖贴近支撑腿脚踝。

【教学难点】保证重心平衡能力，每一步贴近踝关节。

【易犯错误】身体重心不稳。

【纠正方法】教练员帮助运动员保持身体平衡。

【训练方法】直道练习，浮腿回收两次接一次屈膝走，随着水平不断提高，逐步递增练习时间。

【注意事项】身体重心稳定，重心移动要彻底。

5. 向后蛙跳

【教学目标】体会学习向后蛙跳动作，提高对抗肌爆发力。

【动作要领】基本姿势开始，双臂向前平行伸直，向后双腿发力，同时摆臂向后用力配合，双腿用力向后跳出。

【教学重点】提高对抗肌肉群爆发力。

【教学难点】上下肢配合、蹬摆同步。

【易犯错误】手臂和双腿配合不协调。

【纠正方法】教练员及时纠正运动员手臂动作，使其蹬摆同步。

【训练方法】手臂配合双腿同时发力向后蹬跳 10～30 次，逐步地加量、加组。

【注意事项】看场地是否有其他物品，以防绊倒。

6. 单脚高跳

【教学目标】体会和学习单腿高跳动作，提高单腿的爆发力。

【动作要领】保持基本姿势的同时，滑冰姿势单脚向上跳，单脚接身体重心，反复完成动作。

【教学重点】提高股四头肌专项肌群抗酸能力。

【教学难点】连续跳跃各关节角度易产生变化。

【易犯错误】浮腿膝盖靠近支撑腿踝关节，难度较大。

【纠正方法】教练员帮助运动员支撑腿三点成一线。

【训练方法】浮腿膝盖靠近支撑腿踝关节，利用平坡或进行单脚高跳。

【注意事项】保持平衡，高跳不变形。

7. 滑行接单脚跳

【教学目标】体会和学习滑行接单腿跳动作，提高移动重心与单腿平衡能力。

【动作要领】单腿支撑开始，浮腿收到支撑腿脚跟同时，腰臀腿向侧推出，交接重心后，原地单腿跳跃，反复练习。

【教学重点】腰臀腿用力一致。

【教学难点】移动重心，单脚平衡能力。

【易犯错误】上体不稳，重心移动不一致。

【纠正方法】教练员帮助运动员保持平衡和动作协调。

【训练目的】提高股四头肌的抗酸能力，提高一定的专项力量耐力。

【训练方法】手臂配合双腿同时发力蹬跳，随着水平的不断提高，逐步地加时、加量和加组。

【注意事项】跳起落地时动作不变形。

8. 屈膝走接滑进

【教学目标】体会和学习屈膝走接滑进动作，提高重心前移和侧移的能力。

【动作要领】基本姿势开始，屈膝走6次接滑进6次，反复练习。

【教学重点】重心前移和侧移。

【教学难点】移动重心时上体不稳。

【易犯错误】上下起伏、左右晃动。

【纠正方法】教练员帮助运动员稳定重心。

【训练方法】屈膝走6次接滑进6次，反复3次1组，随着水平不断提高，逐步递增练习次数。

【注意事项】身体重心稳定，重心移动要彻底。

9. 向后滑行

【教学目标】体会和学习向后滑行动作，提高重心侧移稳定性。

【动作要领】单腿支撑开始，浮腿收到支撑腿脚跟，腰臀腿向侧前推出，浮腿落于右后方交接重心，反复交替练习。

【教学重点】腰臀腿用力一致。

【教学难点】重心完全侧移。

【易犯错误】重心不稳。

【纠正方法】教练员帮助运动员稳定重心，保持向后滑行。

【训练方法】滑进10～30次，随着水平不断提高，逐步递增练习次数。

【注意事项】身体重心稳定，重心移动要彻底。

10. 双腿跳跃练习

【教学目标】体会和学习双腿跳跃动作，提高爆发力和落地稳定性。

【动作要领】双脚支撑位于板凳右侧，向左上方跳起，双脚冲落于凳子上，再下落于凳子左侧，交替反复练习。

【教学重点】双腿瞬间向一侧同时发力。

【教学难点】双腿缓冲着地。

【易犯错误】蹬摆不协调。

【纠正方法】教练员帮助运动员稳定重心，蹬摆协调。

【训练方法】向一侧连续跳跃10～30次，随着水平不断提高，逐步递增练习次数。

【注意事项】凳子高度要因人而异。

（二）冰上训练内容、方法与负荷

1. 单脚蹬滑

【教学目标】提高单腿平衡能力，发展单腿蹬冰力量。

【动作要领】基本姿势单脚连续向上蹬滑，单脚接身体重心，反复完成动作。

【教学重点】解决蹬冰实效性和冰感及身体在冰上控制重心的能力。

【教学难点】连续单脚蹬滑，保持各关节角度不变。

【易犯错误】浮腿的膝关节不靠近支撑腿的踝关节。

【纠正方法】教练员帮助运动员将膝关节靠近脚踝。

【训练方法】冰上直道进行单脚连续5～6步蹬滑练习，交替反复练习。

【注意事项】保持平衡，单脚蹬滑要求全脚掌用力。

2. 重心移动

【教学目标】进一步掌握重心交接动作，进一步提高低姿势情况下完成重心移动动作。

【动作要领】保持基本姿势，腰臀腿同时开始向一侧发力移动，要求左上体压在左腿上，右上体压在右腿上，反复练习。

【教学重点】滑行中移动重心，上体和臀部同时移到另一个支撑腿。

【教学难点】滑行中移动时身体不能有起伏，重心移动要彻底。

【易犯错误】滑行中上下起伏不稳。

【纠正方法】教练员帮助运动员保持肩、髋、膝和踝关节稳定。

【训练方法】保持滑行中姿势，浮腿侧蹬出，要求左上体压在左腿上开始向右侧移动，臀部和上体同时移动至右支撑腿上，右上体压在右腿上，反复移动。

【注意事项】掌握好滑行中重心移动时的感觉，每一步都能够体会到完全彻底的重心移动。

3. 侧蹬后引下刀

【教学目标】控制直道各关节的稳定性；低姿势情况下保持浮腿膝盖靠近支撑腿踝关节。

【动作要领】保持基本姿势，支撑腿全脚掌向侧推直，交接体重，浮腿收腿膝关节领先贴近支撑腿踝关节，逐步下刀，反复练习。

【教学重点】侧蹬后引下刀，重心要稳，各关节没有起伏。

【教学难点】控制各关节角度。

【易犯错误】做动作时容易出现起伏。

【纠正方法】教练员帮助运动员保持各关节稳定，将浮腿膝关节靠近支撑腿脚踝。

【训练方法】直道连续练习2~4次，反复8次，随着水平不断提高，逐步递增练习次数。

【注意事项】滑行中全脚掌向侧推出，各个关节角度不变。

4. 行进间单腿向后蹲起

【教学目标】提高单腿平衡能力，提高单腿专项力量。

【动作要领】单腿支撑开始，浮腿落于支撑腿踝关节下，支撑腿进行蹲起，反复交替练习。

【教学重点】支撑腿保持三点成一线。

【教学难点】平刃支撑，浮腿位于踝关节下。

【易犯错误】浮腿没落于踝关节下。

【纠正方法】教练员帮助运动员完成浮腿膝关节靠近支撑腿脚踝位置。

【训练方法】直道连续练习2~4次，反复8次，随着水平不断提高，逐步递增练习次数。

【注意事项】滑行中全脚掌支撑重心，蹲起时上体不要抬起。

5. 行进间单腿向前蹲起

【教学目标】提高单腿平衡能力，提高单腿专项力量。

【动作要领】单腿支撑开始，浮腿屈膝前伸，支撑腿做蹲起练习，反复交替进行。

【教学重点】支撑腿保持三点成一线。

【教学难点】平刃支撑，下蹲角度。

【易犯错误】重心下移不稳。

【纠正方法】教练员帮助运动员稳定重心。

【训练方法】直道连续练习2~4次，反复8次，随着水平不断提高，逐步递增练习次数。

【注意事项】滑行中全脚掌支撑重心，蹲起时上体不要抬起。

6. 双人超越

【教学目标】学习和体会内道超越技术，学习和体会外道超越技术。

【动作要领】4人1组，1，2，3，4顺位，共练4圈，第2圈和第4圈完成超越。要求：1，2位领滑，3号位从内道、4号位从外道同时超越后领滑，然后，1，2位再从内道和外道超越3，4位，反复练习。

【教学重点】保证蹬冰的质量和动作的收缩速度。

【教学难点】内、外道同时超越时机的选择。

【易犯错误】起动时，落刀动作声音过大，不够隐蔽。

【纠正方法】全脚掌蹬冰，控制落刀力量和位置。

【训练方法】4圈连续练习2~4次，随着水平不断提高，逐步递增练习次数。

【注意事项】超越路线的判断与起动时机的选择。

7. 多人外道超越

【教学目标】学习和体会外道超越技术，学习和掌握尾随起动的时机。

【动作要领】4人1组，1，2，3，4顺位，共练4圈，第2圈加速后进行超越。顺位变成4，3，2，1，要求4号位起速后，3，2号位从外侧尾随超越。

【教学重点】保证外侧超越时的蹬冰效果和质量。

【教学难点】超越时机的判断和路线的选择。

【易犯错误】未判断好路线，起速不够充分。

【纠正方法】充分了解被超越者路线，拉开空间完成超越。

【训练方法】4圈连续练习2~4次，随着水平不断提高，逐步递增练习次数。

【注意事项】超越路线的判断与起动的时机的选择。

8. 连续外道超越

【教学目标】学习和体会连续外道超越技术，学习和掌握起动和超越的时机。

【动作要领】3人1组，1，2，3顺位，共练3圈，第2圈后，3号位连续外道加速，从外道超越1，2位后领滑。

【教学重点】保证外侧超越时的蹬冰效果和质量。

【教学难点】弯道的连续性。

【易犯错误】滑行路线控制不好。

【纠正方法】教练员指导运动员多滑行大圈。

【训练方法】3圈连续练习2~4次，随着水平不断提高，逐步递增练习次数。

【注意事项】超越路线的判断与起动时机的选择。

9. 接力连续内道超越练习

【教学目标】结合实战，在比赛中达到超越的目的。

【动作要领】4人1组，连续内道超越练习，交替进行。

【教学重点】保证蹬冰效果和动作收缩速度。

【教学难点】超越时，注意领滑者的内侧滑行路线。

【易犯错误】未判断好被超越者的空间和路线。

【纠正方法】充分了解和判断好超越时机。

【训练方法】4人1组，推接后进行连续内道超越练习，交替进行。

【注意事项】超越路线的判断与起动时机的选择。

10. 接力内外侧超越练习

【教学目标】结合实战，在比赛中达到超越的目的。

【动作要领】保持基本姿势，外侧超越者入弯道开始加速5～6个幅步完成外侧超越，内侧超越者入弯道开始加速3～4个幅步完成内侧超越。

【教学重点】保证外侧5～6步、内侧3～4步蹬冰的效果与质量。

【教学难点】保持内、外道先后超越。

【易犯错误】未判断好被超越者的滑行路线。

【纠正方法】充分了解被超越者路线，拉开空间完成超越。

【训练方法】由3名队员进行接力滑行，排位1号、2号、3号，接力后第一个弯道正常尾随，到第2个弯道3号选手开始加速5～6个幅步从外侧进行超越，同时2号选手开始加速3～4个幅步从内道进行超越，超出后位置变成3号、2号、1号，反复进行练习，逐步递增练习。

【注意事项】超越路线的掌握与启动时机的把握。

四、技术教学与训练方法（高级）

（一）陆上训练内容、方法与负荷

1. 直线模仿

【教学目标】提高直道蹬冰幅度，提高直道蹬冰质量，体会完整的直线滑行动作。

【动作要领】基本姿势，单腿引腿回收至脚后跟位置后支撑腿开始向侧发力蹬冰，浮腿尽量平行落地，同时注意摆臂和蹬冰的同步性，反复练习。

【教学重点】保证支撑腿三点成一线。

【教学难点】腰臀腿同时用力向侧推蹬。

【易犯错误】浮腿下落时用脚尖先落。

【纠正方法】教练员帮助运动员将膝关节摆正，同时要求全脚掌着地。

【训练方法】连续练习10~30秒，随着水平不断提高，逐步递增练习时间。

【注意事项】重心横向移动时，保持基本姿势不变形。

2. 布带弯道压步

【教学目标】提高弯道滑行倾倒角度，体会弯道完整技术的连贯性。

【动作要领】蹲至滑冰姿势向左侧倾倒，右踝右膝右髋右肩向内侧压住要，低于左侧。右腿蹬冰时尽量发力，要用脚掌后部发力，然后左腿收至右腿脚后跟向外侧落地，落地后要注意左脚的倾倒角度，左腿用左脚掌的外侧发力蹬冰，右腿紧贴地面向左侧和左腿交叉后落地。

【教学重点】保持身体平衡，控制好重心，尽可能不要晃动。

【教学难点】蹬收腿时机的掌握。

【易犯错误】整体姿势右侧要高于左侧，蹬冰腿膝关节和整体姿势不在一个发力点，蹬冰腿发力向前偏移。

【纠正方法】教练员帮助运动员在整个技术过程中右侧要始终低于左侧做交叉压步，蹬冰腿和落地支撑腿的关节要和整体动作保持一致的方向性，蹬冰腿发力尽量向后压住发力。

【训练方法】连续练习10~30次，随着水平不断提高，逐步递增练习次数。

【注意事项】抬落腿时，保持动作角度和稳定性。

3. 弯道右腿侧蹬

【教学目标】提高弯道倾倒角度，加强右腿蹬冰力量和蹬冰质量。

【动作要领】右腿单腿支撑蹲至滑冰姿势向左侧倾倒，右踝右膝右髋右肩向内侧压住要低于左侧，右腿蹬动过程中要注意整体稳定性。

【教学重点】蹬收过程中，上体保持平稳。

【教学难点】浮腿膝关节靠近支撑腿踝关节上。

【易犯错误】膝关节和臀部角度不在一个支点。

【纠正方法】教练员帮助运动员摆正膝关节和臀部，使其保持向左侧倾倒发力蹬冰。

【训练方法】单腿连续练习10～30米，根据水平不断提高，可逐步地加量、加组。

【注意事项】蹬出和收回时，保持动作稳定性。

4. 弯道左腿侧蹬

【教学目标】提高弯道倾倒角度，提高弯道左腿蹬冰质量。

【动作要领】左腿单腿支撑蹲至滑冰姿势向左侧倾倒，右踝右膝右髋右肩向内侧压住要低于左侧，左腿蹬动过程中要注意整体稳定性。

【教学重点】手臂和腿部的配合。

【教学难点】支撑腿保持三点成一线。

【易犯错误】膝关节和臀部角度不在一个支点。

【纠正方法】教练员帮助运动员摆正膝关节和臀部，同时要向左侧倾倒发力蹬冰。

【训练方法】原地反复练习10～30次，根据水平不断提高，可逐步地加量、加组。

【注意事项】蹬出收回时，应保持动作稳定性。

5. 直线连续侧蹬

【教学目标】提高直线单腿蹬冰幅度和蹬冰质量，加强摆臂和蹬冰的协调性。

【动作要领】注意蹬冰和摆臂之间的协调，蹬冰腿蹬冰幅度、浮腿接重心时要快。

【教学重点】支撑腿保持三点成一线。

【教学难点】蹬、摆和落要同步完成。

【易犯错误】蹬冰和摆臂发力时不协调，浮腿落地后重心不稳，膝关节向内扣。

【纠正方法】摆臂和蹬冰协调一致，浮腿落地后膝关节和脚尖摆正。

【训练方法】原地连续练习 10～30 次，逐步地加量、加组。

【注意事项】侧蹬腿蹬出和收回时，保持动作稳定性。

6. 原地弯道跳

【教学目标】提高弯道蹬冰摆臂协调性，加强弯道蹬地跳起落地后的稳定性。

【动作要领】左腿蹲至滑冰姿势，右腿向外侧伸直。左腿跳起后右腿接重心左腿后引。在整个动作中要注意蹬冰和摆臂的协调性，浮腿落地后整体的稳定性，各个关节锁紧，膝盖摆正。

【教学重点】腰臀腿同步发力蹬落腿。

【教学难点】支点准确，前脚掌缓冲着地。

【易犯错误】浮腿落地后，支撑腿的膝关节踝关节晃动不稳，挥臂和跳动不一致。

【纠正方法】教练员帮助运动员在跳起后浮腿落地时膝关节和踝关节不要晃动，提高稳定性。

【训练方法】原地反复练习 10～30 次，随着水平不断提高，可逐步地加量、加组。

【注意事项】保持平衡，支点准确。

7. 弯道布带快速牵引

【教学目标】提高弯道快速协调能力，加强出弯道节奏。

【动作要领】蹲曲至弯道滑冰姿势（同弯道压步姿势一样）在蹬冰过程中蹬冰幅度不宜过大导致节奏变慢，右肩、右胯、右膝向内侧压住，快速左、右腿交叉压步。

【教学重点】上体与胯、膝、踝关节依次左倾。

【教学难点】保持连续性，控制好步频与步幅。

【易犯错误】练习过程中，髋、膝、踝关节不紧凑，倾倒角度不够。

【纠正方法】加快节奏的同时，合理处理步频与步幅的关系，同时髋、膝、踝向左侧锁紧。

【训练方法】原地连续练习10～30次，随着水平的不断提高，逐步地加时、加量和加组。

【注意事项】布带松紧度要控制好。

8. 直道滑跳

【教学目标】提高直道滑行稳定性，提高直道单腿蹬冰爆发力。

【动作要领】在蹬冰腿向侧跳的过程中，上体要保持平稳不要上下摆动，浮腿落地后注意各个关节的稳定性。

【教学重点】支点准确，前脚掌缓冲着地。

【教学难点】重心稳定、蹬摆同步。

【易犯错误】跳动过程中上体摆动过大，浮腿后引动作过大，浮腿落地支撑不稳。

【纠正方法】教练员帮助运动员上体锁紧、幅度尽量减小，臀部摆正。

【训练方法】原地练习10～30次，随着水平的不断提高，逐步地加时、加量和加组。

【注意事项】保持平衡，支点准确。

9. 徒手弯道模仿

【教学目标】学习掌握弯道基本技术，提高弯道协调性。

【动作要领】注意蹬冰幅度和蹬冰时蹲曲的角度，快速接重心，脚掌略偏向外侧。

【教学重点】腰臀腿同时发力蹬腿。

【教学难点】重心稳定、蹬摆同步。

【易犯错误】蹬冰过程中重心移动过慢，浮腿落地后膝关节和臀部支点不一致。

【纠正方法】教练员帮助运动员在蹬动过程中，重心快速移动，浮腿落地后膝关节摆正。

【训练方法】连续练习10~30次，随着水平不断提高，逐步递增练习次数。

【注意事项】交替重心时，保持重心稳定。

10.直道快速侧蹬

【教学目标】提高直线收腿速度，提高直道蹬冰摆臂协调性。

【动作要领】注意蹬冰摆臂同步性、整体稳定性，蹬冰和收腿要快速蹬和收。

【教学重点】上下肢配合、蹬摆同步。

【教学难点】重心交接稳定。

【易犯错误】蹬冰摆臂不同步，上体浮动过大。

【纠正方法】教练员帮助运动员在蹬收的过程中摆臂尽量同步，上体不要上下浮动。

【训练方法】连续跳跃10~30次，随着水平不断提高，逐步递增练习次数和时间。

【注意事项】循序渐进，不要过急。

（二）冰上训练内容、方法与负荷

1.弯道单腿支撑

【教学目标】提高弯道单腿倾倒角度，提高弯道稳定性。

【动作要领】单腿支撑时右肩、右胯、右膝、右踝向内侧压住，左侧身体尽量向冰面贴近。

【教学重点】保持重心三点成一线向内倾倒。

【教学难点】全脚掌支撑重心。

【易犯错误】在单脚压弧过程中，右肩要比左肩高，臀部向外侧扭动。

【纠正方法】教练员帮助运动员解决在单脚压弧过程中右肩要比左肩高、臀部向外侧扭动、整个身体支点不在同一支点问题。

【训练方法】独立或双人练习3米至5圈，随着水平不断提高，逐步递增练习距离。

【注意事项】起速要充分，支点要准确。

2. 冰上布带弯道牵引

【教学目标】提高弯道倾倒角度，提高蹬冰距离和蹬冰质量。

【动作要领】在牵引蹬冰过程中注意肩、胯、膝关节倾倒角度，加大每一步的蹬冰距离，每一步落刀，要压住弯道蹬冰脚的右脚内刃和左脚的外刃。

【教学重点】辅助运动员布带松紧度的掌握。

【教学难点】全脚掌（全刃）蹬冰、抬腿和落刀。

【易犯错误】在蹬冰过程中，肩、臀部和膝关节支点不一致，蹬冰幅度偏小。

【纠正方法】教练员帮助运动员在蹬冰过程中，使肩、臀部和膝关节支点保持一致。

【训练方法】独立或双人练习10～20米，随着水平不断提高，逐步递增练习距离。

【注意事项】每一步蹬冰要注意蹬冰幅度和蹬冰质量。

3. 弯道滑行

【教学目标】提高弯道滑行技术，提高弯道连贯蹬冰能力。

【动作要领】注意在滑行中，保持右蹬左支撑、左蹬右支撑时的倾倒角度，控制好蹬收距离。

【教学重点】全脚掌（全刃）蹬冰、抬腿和落刀。

【教学难点】蹬冰距离和蹬冰幅度的控制。

【易犯错误】在蹬冰过程中，肩、臀部和膝关节支点不一致，蹬冰幅度偏小。

【纠正方法】教练员帮助运动员在蹬冰过程中，使肩、臀部和膝关节支点保持一致。

【训练方法】独立或多人练习3米至8圈，随着水平不断提高，逐步递增练习距离。

【注意事项】每一步蹬冰要注意蹬冰幅度和蹬冰质量。

4. 直道滑行

【教学目标】提高直道蹬冰行幅度，感觉冰刀内外刃的变化，提高单腿蹬冰时间。

【动作要领】在滑行过程中，注意重心移动，浮腿接重心时，注意落刀的外刃和内刃变化。

【教学重点】全脚掌向侧向推蹬。

【教学难点】落刀时，外刃和内刃的变化。

【易犯错误】蹬冰过程中重心移动不够充分，浮腿落刀后没有冰刀外刃滑行路线。

【纠正方法】浮腿落刀时，要注意外侧刀刃落刀，增加滑行时间和为下次利用重心蹬冰做准备。

【训练方法】连续练习 10~30 次，随着水平不断提高，逐步递增练习次数。

【注意事项】上体保持稳定，不要左右晃动。

5. 小入小出滑行路线

【教学目标】学习和体会小入小出滑行路线；提高防内线超越，控制路线的能力。

【动作要领】入弯道右脚要深入压弧，至出弯道第三个标志点开始，贴住标志块向内侧加快节奏出弯道。

【教学重点】滑行路线的选择。

【教学难点】滑行速度的掌控。

【易犯错误】入弯道不够深入，右脚压弧太长导致速度下降，出弯倾倒角度小导致圈太大。

【纠正方法】入弯道深入，尽量贴住标志点然后延长右脚滑行时间，滑过中间标志块后开始向内侧转向，加大出弯道身体倾倒角度和加快弯道节奏。

【训练方法】连续练习 2~4 圈，随着水平不断提高，逐步递增练习距离。

【注意事项】控制好冰刀与标志块的距离。

6. 大入小出滑行路线

【教学目标】提高超越能力；突出路线变化。

【动作要领】在入弯道时，利用外侧有利的空间进行加速，然后尽量深入弯道。过了弧顶后，重心向内侧转体，贴住标志点收圈出弯道。

【教学重点】滑行路线的选择。

【教学难点】滑行速度的掌控。

【易犯错误】入弯道时向外侧滑行不够，离标志点太近，导致出弯道没有速度，收圈有难度。

【纠正方法】入弯道时尽量不要离标志点太近，利用弯道外侧的空间调整好自己整个弯道滑行的路线，为出弯道创造有利的速度和滑行路线。

【训练方法】连续练习2～4次，随着水平不断提高，逐步递增练习。

【注意事项】控制好冰刀与标志块的距离。

7. 大入大出滑行路线

【教学目标】学习和体会大入大出滑行路线动作；掌握利用外侧超越对手的路线。

【动作要领】在入弯道时调整好路线，保证弯道能够进行连续蹬冰滑行，然后在过弯道弧顶后全力加速，在外侧进行对对手的超越。利用弯道连续滑行的加速度，在出弯道时从外侧超越对手。

【教学重点】滑行路线的选择。

【教学难点】滑行速度的掌控。

【易犯错误】入弯道离标志点太近，与被超越者距离太近，不能完成超越。

【纠正方法】入弯道尽量向外滑行，与被超越者拉开空间，连续蹬冰加速来完成超越。

【训练方法】连续超越2～4次，随着水平不断提高，逐步递增练习次数。

【注意事项】控制好冰刀与标志块的距离。

8. 冰上滑跳

【教学目标】学习和体会滑跳动作；提高冰上滑行控制能力和蹬冰爆

发力。

【动作要领】在跳跃过程中，注意蹬冰和摆臂同步，浮腿落刀要注意膝和踝关节的稳定性。

【教学重点】支点准确，全脚掌（全刃）缓冲着地。

【教学难点】重心稳定、蹬摆同步。

【易犯错误】蹬冰摆臂不协调，浮腿落刀时不稳定。

【纠正方法】注意蹬冰和摆臂一致同步，在跳跃时整个身体收紧向侧移动，浮腿落刀注意踝关节和膝关节锁紧和稳定性。

【训练方法】连续练习 5 ~ 10 次，随着水平不断提高，逐步递增练习次数。

【注意事项】保持平稳，支点准确。

9. 起跑

【教学目标】进一步体会和掌握起跑技术；提高起跑反应、步伐、节奏和爆发力。

【动作要领】注意准备姿势的稳定性，第一步反应要快，整个起跑过程节奏要连贯，上体在起跑过程中逐渐压低衔接入好弯道。

【教学重点】上下肢配合、蹬摆同步。

【教学难点】全刃向侧推蹬。

【易犯错误】起跑准备姿势前后移动不稳定，起跑后两脚太正，脚尖向外侧掰得太小导致上体和重心无法前倾。

【纠正方法】提高起跑姿势稳定性，加强两脚尖向外侧掰的幅度，上体压低、节奏连贯。

【训练方法】连续练习 4 ~ 8 次，随着水平不断提高，逐步递增练习次数。

【注意事项】起跑第一步强调蹬掰同步进行。

10. 冲刺

【教学目标】学习和掌握冲刺技术动作；利用冲刺技术加强最后出弯道的冲刺能力。

【动作要领】在出弯道后，掌握好离终点线距离，采用任一腿全力向前伸腿，冲过终点线。

【教学重点】出弯道全力加速。

【教学难点】终点前伸腿的时机。

【易犯错误】掌握不好冲刺距离（太近或者太远），在冲刺时冲刺腿脚尖出现抬起。

【纠正方法】正确判断好冲刺距离，冲刺时两只脚不要抬起，应贴住冰面滑行过终点。

【训练方法】连续练习4~8次，随着水平不断提高，逐步递增练习次数。

【注意事项】冲刺腿刀尖不能抬起。

第三节　速度滑冰专项力量训练

一、发展力量的方法

（1）最大力量法。用极限或接近极限重量快速完成。练习组数少，次数少，总量不大。这种练习结合各种跳跃练习效果最好。

（2）重复用力法。用最大重量的80%练习几组，每组做到疲劳为止，要有足够的间歇时间。

（3）动力性用力法。用中、小重量连续快速完成，结合爆发力的跳跃练习。

（4）紧张法。肌肉进行最大紧张的静力性练习，练习数组，每次保持最大紧张5秒左右。结合橡皮筋的牵拉练习效果最好。

（5）爆发力用力法。利用自身体重进行各种形式的肌肉快速收缩、伸展的跳跃练习。这种练习次数少，组数少，有连续性。一般采用双腿并足高抬跳、双腿勾胸跳、单腿提起跳、大分并腿跳、双腿后踢跳、单腿侧向跳、快速分并腿跳、快速踩步、三步跳等。

以上练习内容每组做5~10次。

二、发展一般力量的练习方法

（1）克服自身体重的练习。

（2）不同重量的负重练习。

（3）克服外界环境阻力的练习。

（4）负重或不负重的各种跳跃练习。

（5）上肢和腰腹肌力量的练习。

三、发展速度滑冰专门性力量的练习方法

专门性力量训练的目的是发展参加蹬冰和摆臂动作等，身体成滑跑姿势的肌群的力量。

（1）负重的滑跳练习、滑行走练习。

（2）负重的屈腿走或各种跳跃练习。

（3）各种牵拉橡皮筋的练习。

（4）滑板或滑动台、自行车测试台的练习。

（5）场地或越野自行车练习。

（6）速度轮滑练习。

（7）场地、沙滩和水中的走、跑、跳练习。

四、冰上常采用的几种训练法

（1）间歇训练法。可以分为长间歇和短间歇。

① 400米×10组，800米×5组，1000米×4组。（固定分段距离）

② 200米+1600米+1200米+800米+400米+200米。

③ 200米×2组+400米+800米+1000米+1200米+1600米。（阶梯式）

④（800米+400米）×（2～3）组。（不同距离交替）

（2）重复训练法。可以分为短分段（不超过比赛距离的一半，滑跑速度高于比赛平均速度）、中分段（比赛距离的一半左右，滑跑速度低于比赛的平均速度）和长分段（长于比赛距离的一半或接近比赛距离，滑跑速度为比赛

速度的90%）。

（3）变速训练法：

① 快、慢等距离的变速训练，400米快 + 400米慢。

② 快、慢不等距离的变速训练，400米快 + 800米慢。

③ 递增、递减的变速训练，400米快 + 400米慢 + 800米快 + 800米慢，或反之以递减方法进行。

（4）短冲训练法：50，100，200，300米，每次训练3～5组，每组重复做3～5次。

（5）等速训练法：就是按事先规定的平均速度滑跑全程的一种训练方法。心率可控制在150～170次/分。

（6）超主项距离训练法：用长于主项距离和较低强度进行的一种训练方法。

（7）分段训练法：把比赛距离分成若干段。

例如，1600米 + 1200米 + 1000米 + 800米 + 400米，3 × 800米 + 5 × 400米 + 3 × 200米，10 × 400米 + 5 × 200米。

少年儿童在生理和心理方面有如下特点：

（1）骨骼：骨骼向长处长，特别是四肢发育较快，身体横径的发展落后于身高的发展，关节灵活性和柔韧性好。

（2）肌肉：少年儿童的肌肉比重大大低于青年人，肌肉力量较差。

（3）神经系统：大脑皮质可塑性强，建立条件反射容易，掌握动作快，消退得 也快。

（4）心血管呼吸系统：心脏、神经调节兴奋性高，内抑制过程不完善，心率和呼吸频 率快。

（5）体液调解：皮肤和皮下脂肪较薄，毛细血管较密，因此散热较快。

（6）心理特点：模仿能力强，好胜心和好奇心强，常常过高估计自己的能力。

根据少年儿童的特点，训练时要进行合理的安排，注重身体素质全面发展。一般少年儿童在10—13岁速度素质发展较快，在14—16岁力量素质发展较快。少年儿童一般可以从10岁开始，经过4—6年的业余系统训练，为今后从事专项训练打下坚实的基础。

在选择少年儿童进行速滑训练时，要注意遗传因素、运动外形、运动心理、身体素质、运动技术的可塑性，尽可能做到全面观察、综合分析比较，这样选材成功率高。训练计划内容要丰富，训练手段和方法要经常变化，可以提高少年儿童对训练的兴趣，长时间单调的练习容易引起疲劳。另外对少年儿童要少进行超负荷的训练，更不能过早地进行专项化、大强度和大运动量的训练。

要搞好少年儿童的训练，应制订多年训练计划。按年龄组可划分为儿童组、少年甲组、少年乙组，并且对身体训练、专项训练进行合理安排。全年训练可分为三个时期，每年以5—12月为训练期，1—3月为比赛期，4月为过渡期。过渡期对少年儿童来讲是非常必要的，可以消除紧张状态，身体机能有较大的恢复，并且对文化课进行补习。训练期分为一般训练阶段和专项训练阶段。一般训练阶段要比运动队多1～2个月，以保证身体全面发展。11月中旬，有上冰条件的少年儿童可以注意适应恢复，改进技术，逐步加强系统训练。比赛期一般应在1月中旬到2月中旬学生放假期间，这个时期应以比赛为主，通过比赛检验训练和技术改进的效果。

第四节　短道速滑专项训练

一、核心力量训练

核心力量训练的主要作用在于稳定运动员的脊柱、骨盆，保持正确的身体姿态，稳定重心，提高身体的控制力和平衡能力，提高运动时由核心肌群向四肢及其他肌群的能量输出，预防动作中的损伤，从而有助于运动成绩的提高。短道速滑是以中心肌群为核心的运动链，强有力的核心肌群对运动中的身体姿势、运动技术和专项技术动作起着稳定和支持的作用。所有的专项技术动作都不是依靠某一单一肌群就能完成的，它必须要运动员许多肌肉群协调做功。核心肌群在此过程中担负着稳定重心、缓解压力、传导力量等作用，同时也是整体发力的主要环节，对上下肢体的协同工作及整合用力起着承上启下的枢纽作用。

二、专项技术训练

在现阶段的短道速滑专项能力训练上，还普遍使用一些比较传统的训练方法，如陆上模仿训练和布带训练。这些方法虽然能在一定程度上提高运动员专项能力，但由于在陆上训练，身体的重心处于相对稳定的状态，不能较好地模仿短道速滑运动员在冰场上训练和比赛时，高速滑行对冰刀的控制能力。所以，通过一些器械，如平衡球和瑞士球的训练，可以更好地帮助运动员在陆上模仿冰上运动时所需要的专项技术能力。

1. 双腿静蹲与双腿蹲起

在短道速滑陆上训练中，双腿静蹲和双腿蹲起都是非常基础常见的训练形式和手段，在陆上训练中，运动员虽然最大程度地练习了在冰面上滑行起支撑作用的肌肉，如股四头肌、臀大肌等。但在相对稳定的地面上练习，不能很好地完成在冰面上重心不稳情况下控制重心滑行的模仿辅助练习。针对这一情况，可以借用平衡球进行训练。

2. 单腿支撑

单腿支撑训练是模仿短道速滑运动员在冰上蹬冰时的动作而进行的陆上训练。同传统的双腿静蹲与双腿蹲起一样，传统单腿支撑陆上训练并不能很好地提高在冰面上重心不稳情况下，控制重心继续滑行的能力。通过借助瑞士球和平衡球改良过去传统单腿支撑技术，提高短道速滑运动员专项核心力量，从而使陆上训练更符合冰上滑行训练的需要。

章节思考题

1. 速度滑冰的训练方法有哪些？

2. 简述速滑运动分段练习法包括哪些内容。

3. 简述速度滑冰高原训练法优势。

4. 简述速度滑冰专项力量训练方法。

5. 速滑运动发展一般力量训练的练习方法有哪些?

6. 简述短道速滑专项核心力量训练。

7. 速滑运动训练特点有哪些?

第六章　速滑运动场地服装
与用具基础知识

第一节　速度滑冰运动场地

速滑运动场地是从事速滑教学、训练和比赛的场所，是开展群众性冰上体育活动不可缺少的物质条件之一。速滑运动场地一般为直线式、U形式场地，发展到20世纪初出现了半圆式场地。经过长期的实践应用和检验，人们对场地的认识逐渐统一，认为采用400米半圆式速滑场地的设计，计算和丈量简便，并且有利于发挥运动员滑跑直、弯道的技术，因此该类场地被国际滑冰联合会确定为速滑运动训练比赛的标准场地。

随着速滑运动的发展和科学技术的进步，我国于20世纪70年代末出现了人工制冷室内速滑场地跑道，使速滑运动场地成为全天候的场地，极大地促进了速滑运动的发展。

一、速滑运动场地的种类

速滑运动场地分自然冰场、人工浇灌冰场和人工制冷冰场。

自然冰场是大自然赋予我们的江河湖泊池塘在冬季结冰后人们用来滑冰所形成的冰场。

人工浇灌冰场是人们在冬季适宜温度条件下，在运动场上用水管和冰车浇灌的冰场。按使用性质分类，人工浇灌冰场分比赛冰场、教学冰场和一般休闲娱乐冰场。教学冰场应该结合教学特点和需要，在冰场内可设置一些可活动又稳定的标志物来作为道具（雪块、鞋、冰刀套和路障等）用来标出直线和曲线练习跑道；或用有颜色的冰线，用不同半径画出不同圆确定弯道练习区域、直线练习区域和游戏区域。一般休闲娱乐的冰场包括人工浇灌的冰场和自然条件结冻在江河湖泊等修建的冰场。按地势分类，人工浇灌的冰场分为高原冰场、半高原冰场和平原冰场。海拔 1000 米以上的冰场称为高原冰场，世界著名的高原冰场有哈萨克斯坦的麦杰奥冰场（海拔 1670 米）、中国的天山天池冰场（海拔 1985 米）。海拔 500 米以上、1000 米以下的冰场称为半高原场地，著名的德国因泽尔冰场就属于半高原冰场。海拔 500 米以下的冰场属于平原冰场。实践证明，高原冰场比赛的成绩优于平原冰场所创造的成绩。资料表明，海拔高度每升高 100 米，成绩就可能提高 0.01 秒左右。

随着经济的发展和科学技术的进步，近二十年来，速滑大型人工制冷室内速滑场地像雨后春笋一样在各地建立。它使人们在一年四季都能进行滑冰娱乐健身、教学和训练比赛，对速滑运动的发展起到了巨大推动作用。近几届冬奥会参加国家和地区之多之广就是有力证明。这是由于现代速滑室内人工制冷冰场，完全摆脱了自然气候（即风力、风向、气温、冰温）对人的影响，让人们可以享受滑冰带来的快乐。

二、速滑场地的选择

速滑比赛场地应选择交通便利、污染较少、卫生环境好、地势平坦、土质坚实，并且避风、灰尘较小的地方。

学校选择冰场地点除上述要求外，应本着因地制宜，合理利用现有场地的原则，在校内操场、篮球场、排球场、足球场或校园空地等均可浇冰场。

在选择天然的冰场时，首要选择安全、背风、冰质坚实光滑的地方。

图 6-1 所示为哈尔滨冬天休闲娱乐冰场。

图6-1　休闲娱乐冰场

三、速滑场地修建、浇灌和保养

（一）修建、浇灌

选择好场地以后，首先要清除地面上设施，测量场地大小，找平。原场地上如有田径教学用的沙坑等，则先要铺上草袋子，再用铁锹将凹处用土填平压实。这样当冰场冰化时，泥土不和沙子混合，沙坑仍可使用。最后在场地外沿用土堆起高15～20厘米、宽20～30厘米的土塄子，以防浇冰时水外流。备好场地后，当气温在-8～-7℃时，就可以用水大面积地浇灌冰场了。第一步先以大口径水管，采用不固定式的缓慢移动的浇灌方法浇好基面隔膜冰面。浇水的厚度以能迅速冻上结冰为准。只求大量快速灌水而不能使水快速冻结，将会造成水的浪费，欲速则不达。当场地上较均匀地浇上基础冰面之后，第二步就可用洒水法浇冰了。洒水法是人持水管移动式浇水，目的是使基面隔膜冰面加厚，用水找平冰面。第三步是整个冰场基本上浇平后，用浇冰车浇冰，用冰车浇平的冰面基本上就可以使用了。

在没有自来水的地方，可以因地制宜地采用井水、水泡子水、江、河、湖泊和水库的水浇冰。利用江、河、湖泊天然水域修建冰场，要特别注意以下几点：当冰面封冻后，冰场要注意选择水流较缓、水势较浅的地方。尤其是初冬的自然冰面刚刚结冻时，从安全角度考虑，不适于在江河的主流、激

211

流、湖泊水深浑水区域选择冰场。用热水浇冰，冰的滑度大，软硬度适宜；运动员滑跑时速度快，冰感好。其原因是水温升高时，水中含有的钙镁盐类物质沉淀于水底，这样用含盐较少的水浇冰场，冰刀与冰面摩擦力小，滑度就必然增大。为了解决传统浇冰场浇水时间长，浪费人力和水资源，以及到4—5月份融化的水不能及时排出，影响场地其他用途的问题，出现了一种基础面隔膜浇冰场方法。其特点是浇冰速度比传统冰场浇冰速度快一倍，用水量约为传统的三分之一。方法是：将塑料编织布铺在运动场上，边铺边浇水，以便将其冻在地面上（布面应用大号订书器钉上），当一定面积的基面隔膜铺好以后，就可以一层一层向上面浇冰了。春天冰场融化后，由于塑料薄膜面的作用，水不能渗透到场地的基面以下，融化的水将顺着低处流出场地。当水排净后，将基础隔膜卷好，清理后来年再用。这时的场地面几乎是干的，经过一两周的晒干，该场地就可以使用了。

（二）保养

（1）遮盖法。在白天气温在零度以上时，用塑料布、编织布等物品，把冰场遮盖起来，等气温下降时，再打开使用；晚间扫完冰场后，尽量用冰车多浇几遍以供第二天使用。

（2）铲冰包法。天气变暖时，由于冰的融化，出现热胀现象，积在冰面上出了一个个冰包，如不及时清除，就会影响人们的使用。出现这种状况时，就应及时用铁铲铲除后，用浇冰方法找平冰面。

四、冰场的管理工作

（1）国际滑联锦标赛、其他国际滑联赛事和冬季奥林匹克运动会比赛的裁判长的责任是本着为运动员安全负责、创造同等参赛条件的原则，在每天为第二天比赛抽签之前组织一个领队会议，将比赛期间冰面准备工作的程序通知各领队。

（2）在国际滑联锦标赛、其他国际滑联赛事及冬季奥林匹克运动会的比赛中，国际滑联技术委员会将由裁判长（男子赛事和女子赛事）和技术委员会代表（若不在场，由国际滑联代表替代）或国际滑联技术代表组成。裁判长应与冰场技术专家协商决定冰面准备程序。这个准备程序应编入竞赛分组表并在抽签会议上宣布。国际滑联锦标赛中，2名裁判长均参与国际滑联技术委员会关于冰面准备工作的决议。在国际滑联锦标赛、冬季奥林匹克运动会、其他国际滑联赛事及国际比赛中，通报冰场的准备情况。

（3）冰场中冰面技术专家需向国际滑联技术委员会提供全部有关制订冰面准备工作的时间安排和比赛全程对冰面的监测情况的信息，包括：以往冰场在不同气候和气象条件（气温、冰温、空气湿度、雪、风、气压等）及不同观众数量下的准备程序，浇冰所用水的数量、质量（温度、是否有化学添加剂）以及比赛期间冰面温度、气候的相关信息。

（4）国际滑联技术委员会有权直接使用能够获取上述数据的仪器或系统。室内场馆的冰场技术专家应该提供比赛中各时段的风力或气流信息，同时负责控制冰场的通风系统，避免由于跑道内气流不同造成的比赛条件差异。

五、浇水知识

速滑跑道的冰面应保持光、净、平，达到冰质高、滑度好的冰面要求，这样才能有利于人体重心在滑跑时保持平稳移动。

要想浇出理想冰面，除了具备良好浇水技术外，还应准备好实用浇水用具。下面介绍目前常用的几种浇冰用具。

（一）冰车（见图6-2）

图6-2　冰　车

目前国内各大型人工制冷速滑场地均使用先进的用汽车改装的浇冰车，

浇冰车装有自动扫冰、刮冰、浇冰、推雪、吸水和除雪等装置，通常 10~15 分钟就可浇好一遍 400 米周长的标准速滑跑道。

（二）普通浇冰车（见图 6-3）

国内一般冰场普遍使用一种简单、轻便价廉的人工普通浇冰车，其构造是底部为爬犁，上部为圆柱形储水桶和连接储水桶的洒水管等装置。目前在一些有条件单位，还流行用四轮拖拉机车厢上装上大水箱和水管构成的机动浇冰车，其浇冰速度大大提高，省力又省时，在冰上工作起来十分快捷。

图 6-3　普通浇冰车

（三）扫冰用的一般工具

（1）长把扫帚。扫帚长 2.0~2.5 米，扫帚头要捆扎结实，不掉竹条。扫冰时面积大，省工又省力，用起来十分方便。

（2）推雪板。推雪板由铝合金板、塑料板、铁板或木板制成，把长约 1.5 米，使用起来轻便、耐用。

（3）冰铲。冰铲一般用较厚的铁板制成，主要用来铲除冻在冰面上的杂物和小冰包。

此外，还有（抹冰缝用的）泥抹子、钳子、扳子、铁丝、热水壶、水桶等常用小工具。

六、比赛跑道和其他速滑跑道

（一）标准速滑跑道规定（见图 6-4）

（1）标准速度滑冰比赛场地是一个露天的，或遮盖的，或室内冰场，具

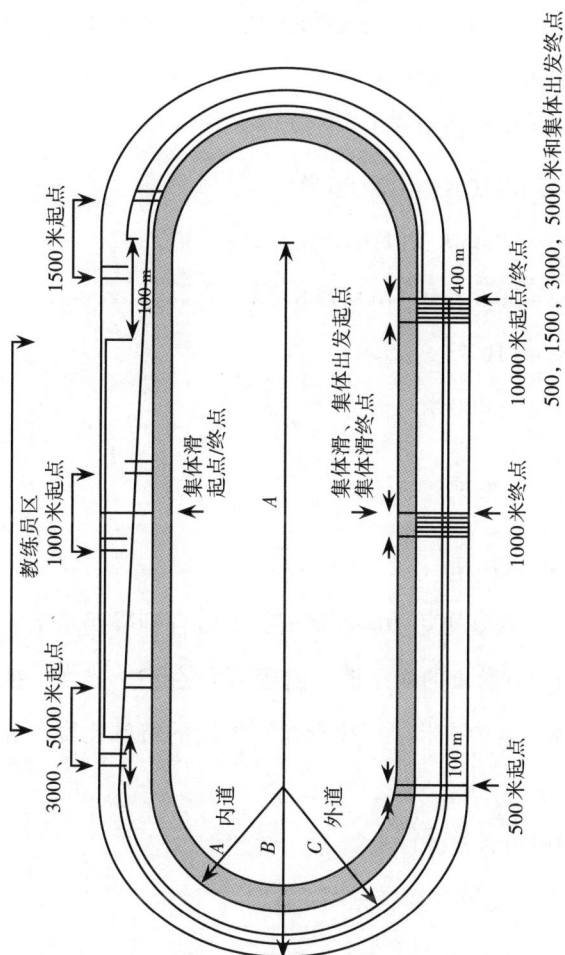

图6-4　速度滑冰标准跑道

备内外两条跑道，周长为400米，最短的333.333米；两弯道弧度各为180°，内弯道半径不得小于25米或大于26米。

（2）换道区是指一个弯道结束至下一个弯道开始之间直道的全长。

（3）每条跑道宽为4米、4.5米或5米。两条跑道必须同宽。内弯道半径为25米、25.5米或26米。

（二）标准速滑跑道计算

速滑规则规定，速滑跑道的分道线宽为5厘米，它包括在跑道宽度之内。速滑跑道的计算线是计算运动员实际滑跑400米周长线，这条线在跑道上并没有实画出来。根据规则计算弯道长度应在距离分道线内沿0.50米处计算。下面是不同规格的跑道计算方法。

内弯道半径26米，跑道宽4米。

① 直道长 = 2 × 110.43 = 220.86米。

② 内弯道长 = 27.45 × 3.1416 = 86.25米。

③ 外弯道长 = 30.5 × 3.1416 = 95.81米。

④ 换道区长 = 110.43 ± 9.5米。

⑤ ① + ② + ③ ≈ 400米。

（三）其他速滑跑道

1. 其他速滑跑道规定

2004年国际滑联规则第204条规定：不符合标准跑道形状、长度的速滑跑道，至少应有200米长的双跑道，内弯道半径至少15米，换道区长至少40米，每条跑道宽度至少2米。不执行竞赛规则的特殊比赛，比赛场地可以不安排双跑道。

2. 其他速滑跑道计算

（1）250米速滑跑道计算（见图6-5）：

内弯道半径21米，跑道宽3米。

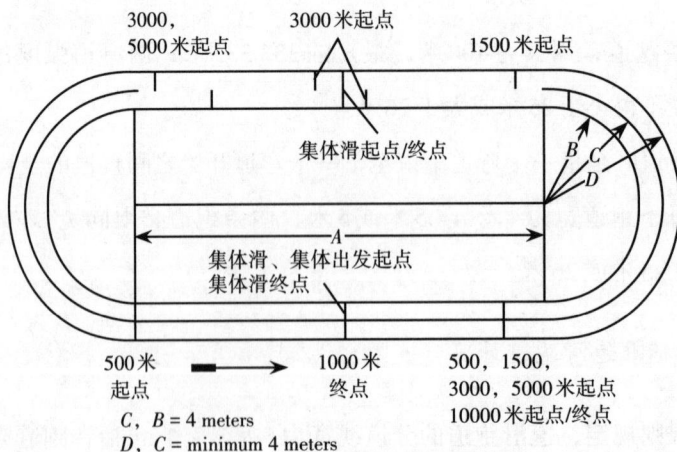

图6-5　250米速滑跑道

① 直道长 = 2 × 52.70 = 105.40 米。

② 内弯道长 = 21.5 × 3.1416 = 67.54 米。

③ 外弯道长 = 24.5 × 3.1416 = 76.97 米。

④ 换道区长 = 105.4 ± 9.4 米。

⑤ ① + ② 十 ③ ≈ 250 米。

（2）200 米速滑跑道计算（见图 6-6）：

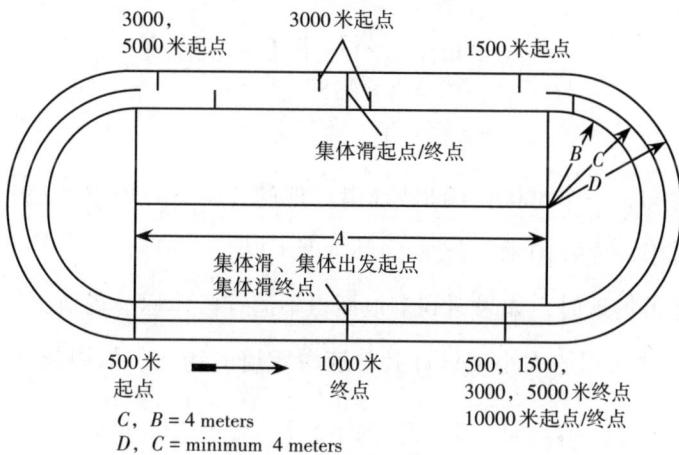

3000，5000 米起点　　3000 米起点　　1500 米起点

集体滑起点/终点

B C D

A

集体滑、集体出发起点
集体滑终点

500 米起点　　1000 米终点　　500，1500，3000，5000 米终点　10000 米起点/终点

C，B = 4 meters
D，C = minimum 4 meters

图 6-6　200 米速滑跑道

内弯道半径 19 米，跑道宽 4 米。

① 直道长 = 2 × 44.936 = 89.872 米。

② 内弯道长 = 14.86 × 3.1416 = 46.69 米。

③ 外弯道长 = 20.19 × 3.1416 = 63.44 米。

④ 换道区长 = 89.872 ± 16.75 米。

⑤ ① + ② + ③ ≈ 200 米。

七、场地的设计与画法

为了更好地开展速滑运动，北方各地都会修建冰场，由于各个学校、工厂、机关、社区等地的空余场地面积大小不一，不能设计标准速滑场地，因此，常常需要根据空地的大小设计一个速滑场地或滑冰场。

（一）速滑场地的设计

要设计速滑场地，首先要丈量好所规划空地的长度和宽度，以便确定设计的场地规格。一个400米半圆式速滑场地的总长度和宽度是：

$$总长度 = 直段长 + 2 \times（内半径 + 2跑道宽）$$
$$= 111.98 + 2 \times（25 + 10）$$
$$= 111.98 + 70$$
$$= 181.98（米）$$

$$总宽度 = 2 \times（内半径 + 2跑道宽）$$
$$= 2 \times（25 + 2 \times 5）$$
$$= 70（米）$$

由此可知，一个400米半圆式速滑场地的长度不得短于191.98米（为了安全和堆雪用，再加10米空余地），其宽度不得少于80米。

设计速滑场地时，如果遇到空地面积不适宜修建标准场地，只能因地制宜，根据空地面积的大小来设计其他速滑跑道的场地。如周长200米或250米等。

下面举例说明设计的几个步骤：

1. 丈量空余地面积的长度和宽度

丈量的空余地长192米，宽80米。设计一个半圆式速滑场地。

2. 计算内弯道半径

速滑跑道分内外弯道半径，内弯道半径与空余地面积的宽度、跑道总宽和留有多少余地有关。跑道周围至少留有5米的余地，跑道总宽长$2 \times 5 = 10$米。由上述得出，速滑场地内弯道半径如下：

$$内弯道半径 = [地宽 - 2 \times（余地 + 跑宽）] \div 2$$
$$= [80 - 2 \times（5 + 10）] \div 2$$
$$= 25（米）$$

3. 计算直道长度

$$一条直道长 = 地长 - 2 \times（余地 + 跑道 + 内道半径）$$
$$= 192 - 2 \times（5 + 10 + 25）$$
$$= 112（米）$$

4. 计算跑道周长

$$跑道周长 = 2 \times 直道长$$
$$= 112 + 95.82 + 80.11 + 112.11$$
$$= 400.04（米）$$

5. 调整跑道周长

为了使用方便，将跑道周长调整为整数为最佳，将401.04米调整为400米，即从周长减去1.00米，然后再将0.04米从两边直道上减去（0.04米/2 = 0.02米）。112米–0.02米 = 111.98米。弯道保持原设计不变，一条直道长变为111.98米。这就使调整后跑道周长保持整数400米。

6. 绘图

将设计好的场地按一定比例绘制场地图，并在图上标明各项起点和终点。场地图绘制以后要妥善保管，以备画速滑场地使用。

（二）速滑场地的画法

1. 画场地准备工作

（1）设计与绘场地图（图略）。

（2）画场地人员与用具。

① 人员2～3人。

② 用具：百米丈绳2个；30～50米的米尺1个；标枪3支；标志颜色1盒（瓶）；无障碍物冰场一块。

2. 冰场画法

按所设计的绘制图纸来画速滑场地，具体程序如下：在已丈量好的冰面进行，并留好安全区域。

（1）确定场地纵轴（见图6-7）。

先以原空余地的宽的二分之一处为参照各取两点，这两点连成的直线即为场地的纵轴。

图6-7 冰场画法——确定场地纵轴

（2）确定两弯道圆心（见图6-8）。

在纵轴的中心点向纵轴两端分别量出二分之一直道长线，并交于纵轴两点，这两点确定为纵轴两端的弯道圆心。见图中 O 和 O'。

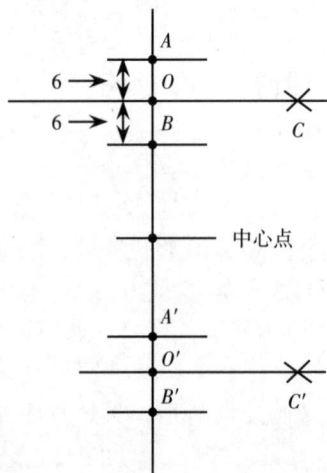

图6-8 冰场画法——确定两弯道圆心

（3）确定直弯道交接点（见图6-9）。

通常用垂直线方法来确定直弯道交接点。分别以一端弯道圆心点为圆心，以10米长为半径，画弧与纵轴分别交 A、B 两点；再分别以 A、B 两点为圆心，以15米长为半径向纵轴两侧画弧，分别交于 C、D 两点；连接 C 和 D 点的连线，并且通过圆心 O 点，使 C、O、D 三点成一线；将此线向纵轴两侧延长，并同内、外弯道的圆弧线相交于四点，这四点即是以 O 点为圆心的直弯道交接点。用同一方法可画另一端以 O' 点为圆心的四个点。分别用直线连接直道两端弯道的直弯道交接点8点中的6点，即构成两条封闭的速滑跑道。

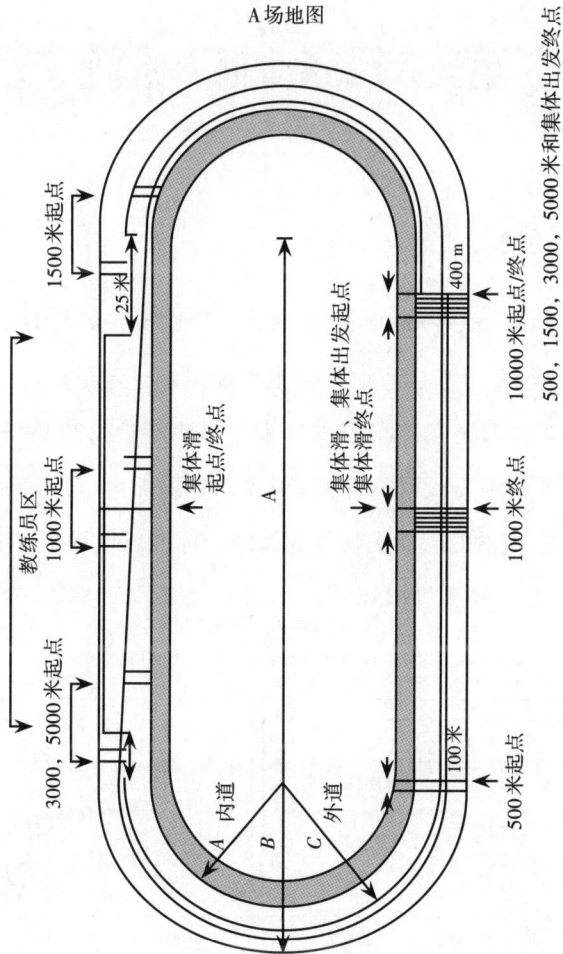

图6-9 封闭速滑跑道

（4）确定各项起终点。

500米、1500米、3000米、5000米和10000米均以终点确定起点。1000米是以起点定终点。

各起、终点线均以画线标记（刻画或涂色），与直道线或其延长线成直角，线宽不超过5厘米，在起点线后2米处应设置一条预备起跑线，终点线前5米，每5米均应明显地加以标记。

其他各种跑道在设置起、终点线时，应尽量避免运动员出发后即进入弯道，或将终点设在弯道上。

第二节　短道速滑运动场地

一、标准场地

通常设置在60米×30米的冰球场内，为椭圆形，周长111.12米，直道长28.85米、弯道半径8.00米、弯道计算半径8.50米、弯道点1间距4.14米、弯道点2间距8.00米，弯道点3间距11.31米、场地检验线32.99米。直道宽度不少于7米，弯道弧顶距离板墙不得少于4米，弯道弧度应是匀称的，从一条直道的终端到另一条直道的起点呈匀称的弧线。标准场地见图6-10。

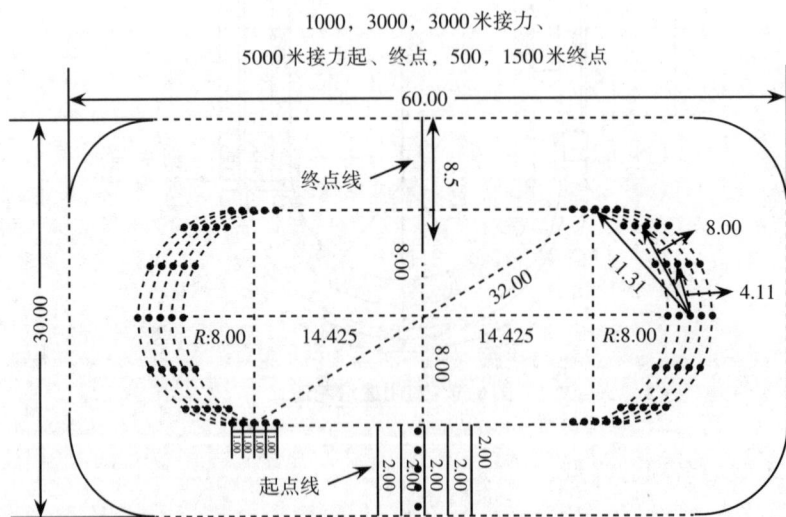

图6-10　标准场地设置

为了保持冰面的质量，除标准跑道外，还设有另外4条跑道，每条跑道向标准场地的任一方移动1米或2米，跑道使用一条终点线，起终点线设置见场地示意图。比赛时500米半决赛、决赛只能使用中间3条跑道。起跑线和终点线与直道成直角并为彩色线，线宽不得超过2厘米。跑线从板墙开始，长度相当于直道的实际宽度。终点线从板墙开始，长度相当于直道的实际宽度加1.5米。在起跑线上，从跑道内侧50厘米起，每隔1.3米用直径2厘米的圆点标志起跑位置，起跑线内侧设置1块起跑标志点为红色，每条弯道设置7个黑色标志块，作为弯道的标志点。场地四周要设置用防水防切割材料制成的复合防护垫，国际大赛冰场防护垫装置必须是可自然移动的，防护垫后面没有板墙，防护垫可在运动员发生碰撞时起到缓冲作用。

二、非标准场地

为促进短道速滑运动项目可持续发展，培养更多具有扎实基本功的后备人才，要从少儿时期技术训练入手，加强基本功训练。根据儿童少年不同时期生长发育特点，中国滑冰协会规定，在国内省、市级及全国性儿童少年比赛中项目设置技术滑，可以使用宽度少于30米，周长84.1米的冰场，其直道的长度为21.64米，弯道半径6米，弯道点1的间距为4.59米，弯道点2的间距8.485米，场地检验线为24.744米。非标准场地见图6-11。

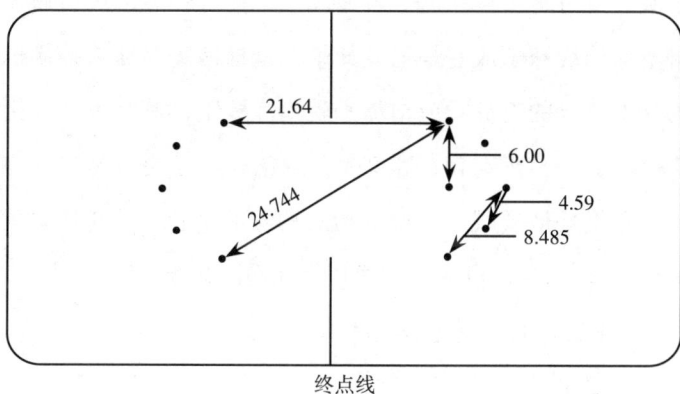

图6-11 非标准场地设置

三、制冰要求与维护

无论冰场的制冷排管采取何种形式，在铺设完毕后即可进行注水结冰过程了。首先启动制冷机组，将冷却管中的载冷剂溶液的温度降低到-8℃，这时开始注水结冰。结冰速度以每天结冰厚度1厘米为佳，中途用冰车整修冰面并加入白色等颜料进行画线和制图案。一般比赛时冰温控制在-8～-5℃、冰厚3.5厘米左右、冰车水温50℃左右，室温15℃以上，相对湿度也由空调系统控制在60%～70%。

第三节　速滑运动服装及用具

一、速滑运动的服装

速滑运动员的服装对技术动作发挥、减少空气阻力、运动成绩提高有着重要作用。速滑运动的服装有两种，一种是初学者的服装，另一种是运动员的服装。初学者在冰上学习和练习滑冰所需的服装应以保暖、轻便、透气性好，便于冰上活动为原则，不需要因为怕寒冷或怕摔倒而穿特别厚的棉衣或长大衣。衣服穿得过多，运动起来就显笨重，而且在运动疲劳后还容易受凉患感冒。脚要穿棉线袜子或者是尼龙袜子，这样两脚对冰刀控制也强。初学滑冰者认为穿上厚厚的毛袜子或棉袜子就不冻脚了，其实不然，由于冰鞋很窄，穿上很厚的袜子会影响脚在冰鞋里的血液循环，更容易造成冻伤，而且冰感也不好。手套一般要戴二指或五指式的绒毛手套。同时还要戴上"滑冰帽"或"耳包"，防止在快速滑跑时把耳朵冻伤。在天气寒冷时，初学者还要穿上毛衣毛裤，外面再套上羽绒服或腈纶棉上衣。

（一）服装的设计与选择

1. 服装的表面与外形有利减少空气阻力

实践证明，合理的比赛服装有助于运动员成绩的提高。从20世纪50—60

年代设计的毛衣毛裤到70—80年代设计的尼龙五连服再到今天设计的比基尼速滑服装，都是从如何减少空气阻力和注意身体成流线型考虑设计服装和选择面料的。

2. 有利于滑跑技术动作的发挥

比赛服装应轻便富有弹性，以不妨碍动作幅度为前提来选择面料和设计、制作服装。

3. 保暖实用

在训练和比赛中，经常遇到低温天气，注意保持运动肌体的温度是十分重要的。弹性好、吸湿性好的棉纺薄内衣和外服，以不妨碍动作贴身服装为运动首选，特别是腿部带大拉锁的练习外服裤子，不用脱冰刀就可更换衣服，既保暖又实用，深受运动员欢迎。

（二）服装的种类

1. 保暖服

保暖对运动员的训练和比赛成绩提高极为重要，保持适宜体温和运动肌肉群的弹性，有助于机体保持良好状态，发挥出竞技水平，为完成训练和比赛任务起到保障作用。因此，在寒冷的环境中，运动员必须做好防寒保暖。当今普遍采用的保暖服装是轻便并易于更换的合体羽绒服。

2. 练习服

为了适应平时训练、赛前准备活动，再加上教学、锻炼的需要，身着保暖、便于更换的练习用的服装是必要的。应根据个人特点选择适合自己的练习服装。

3. 比赛服

比赛服是运动员在比赛中的适用服装，如前所述，比赛服应具有重量轻、质量好、拉伸弹性好和有利于技术水平发挥的特点。当今最佳比赛服是速捷速滑服，它是由6种不同面料精制而成。其中，大腿内侧选用了微玻璃珠材料，减少了滑行中两腿之间的摩擦；在手套的指尖上使用了一种叫格瑞普特的材料，能减少快速摆动时的摩擦阻力，提高起动速度。速捷速滑服能让运动员的全身都包绕在光滑的物质中，能有效降低高速滑行中的空气阻力。

比赛服应符合运动员的自然形体，不允许由于设计或结构上的装饰或者附加装置而引起的形体差异。禁止在比赛服上附加任何装饰，但允许比赛服上永久附着高不超过0.5厘米、宽不超过2.5厘米的条带。为了防止受伤，运动员可以在比赛服外佩戴正常形状（与其头型相符）的头盔，具体情况可参考短道速滑头盔规格。穿着不符合上述要求的比赛服装将被取消比赛资格。在国际滑联锦标赛、世界杯赛、其他国际滑联比赛及冬季奥林匹克运动会的速度滑冰比赛中，来自同一国家的所有运动员，其热身服上必须显示出其国家名称或国际滑联官方缩写国名。在国际滑联锦标赛、世界杯赛事及其他国际滑联赛事中，运动员名字可写在其国家名字的旁边。

4. 冰帽、手套和鞋套

为了能适应在寒冷气温条件下进行训练和比赛，防止手、脚、脸和耳部冻伤，必须戴上冰帽、手套，穿鞋套。五连服就具备上述保护功能。因此，五连服（见图6-12）是运动员比赛用的必备最佳服装。

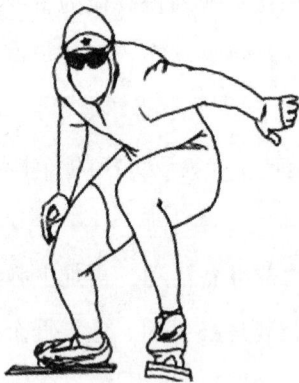

图6-12　五连服

二、冰刀、冰鞋选择与用具

冰刀、冰鞋是速滑运动最重要器材，对冰刀、鞋的重视，选择合适的冰刀、鞋，用正确方法安装，以及正确磨出锋利刀刃，对掌握和提高运动技术有很大影响。

目前，在我国流行的速滑冰刀有两种类型：第一种类型速滑冰刀从1902年出现一直沿用至今，称为传统冰刀。第二种是1984年开始研制，1998年开始世界优秀运动员普遍使用的单铰链式冰刀，称为新型冰刀。当前，新式冰刀由第一代向第二代双铰链式发展。我国目前正在研制适用于初学者使用的新式冰刀。一种是"润滑"冰刀，所谓"润滑"，与普通冰刀的区别在于在冰刀细管中心，润滑剂通过冰刀刃（底面）中的小孔逐渐流出到刀刃下，这些小孔是单向开放的，冰和其他物质不能进入到孔中，（润滑剂）液体储放在冰刀下面刀刃的细管中。在冰刀刃上加润滑剂可以极大地减小冰面的摩擦，使选手滑行更快，润滑冰刀人为地创造了冰面与冰刀之间的液体层。一种是矮拖冰刀，是国外于20世纪80年代初生产的一种普及型冰上用具。我国从1982年开始生产。这种冰刀适合于中小学生和老年初学滑冰时使用。

1. 传统冰刀的结构特点

传统冰刀是由刀刃、刀管、前后刀托和小托构成，并以前后刀托盘与冰鞋结合成一体。

2. 新式冰刀的结构特点（见图6-13）

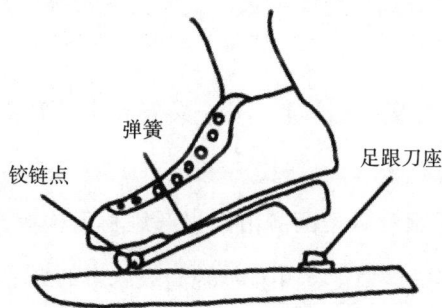

图6-13　新式冰刀结构示意图

新式冰刀与传统冰刀结构的区别是，新式冰刀的后跟不与冰鞋后跟固定连接，而是在冰鞋前部安装了移动装置，与冰刀前部转动式连接，运动员做蹬冰动作时，冰鞋可以绕着连接冰刀转动装置上下转动，并使冰鞋后跟脱离冰刀后部。这一过程可使蹬冰支撑腿的踝关节活动幅度加大，当蹬冰结束后冰刀抬离冰面时，自动还原。

三、克莱普冰刀概述

（一）研制简介

克莱普新型冰刀诞生在荷兰，是在格瑞特教授领导下多名专家参与研制的。1984年，荷兰专家提出新冰刀的原理，并开始了对新型速滑冰刀的研制工作。1990年，荷兰速滑教练艾地沃黑因对新冰刀的运用进行了大胆的尝试，积极推进了新冰刀的应用。两年后，他的儿子卡尔在荷兰全国速滑锦标赛5000米比赛获得第3名，当时卡尔还是一个少年运动员。从1998年起，新型冰刀得到世界速滑运动员的广泛青睐，并取得了傲人的成绩，刷新了多项世界纪录和冬奥会纪录。可以说，克莱普冰刀的出现和使用使速滑运动产生了革命性的变化，使速滑运动水平出现飞跃式的提高。

（二）结构和原理

克莱普冰刀与传统冰刀的根本区别在于所设计的冰刀的前刀托与冰鞋由铰链式连接，后刀托与冰鞋后跟可以自动脱离。即当运动员蹬冰过程中，后刀托可自动与冰刀鞋分离；蹬冰结束时，冰刀蹬离冰面后，分离的后刀托又可以自动弹回原位。

新型冰刀结构由冰鞋、固定架、铰链装置和冰刀刃等四部分组成。

1. 冰鞋

冰鞋底面、鞋后跟和鞋帮两侧由碳素纤维材料构成，鞋面和鞋里由皮革来装饰，和花样冰鞋一样稳定，并有传统高级冰刀的舒适感。

2. 固定架

固定架是将冰鞋与冰刀连接在一起的固定装置。

（1）固定架将冰鞋牢牢地固定铰链上。

（2）冰刀前部牢牢地固定在铰链式装置上。

3. 铰链装置

克莱普冰刀的铰链装置由四部分构成（见图6-14）。

（1）金属架板，位于铰链上部，起到铰链与冰鞋固定作用。

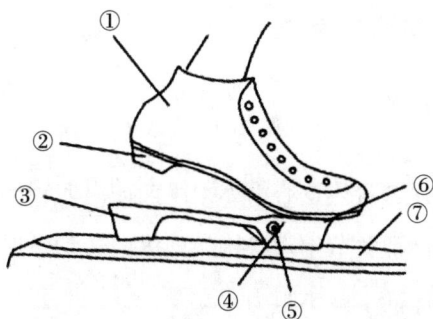

①冰鞋；②固定架；③后刀托固定架；④弹簧（铰链装置之一）；
⑤固定转轴；⑥前刀托固定架；⑦刀管

图6-14　克莱普冰刀的铰链装置

（2）铰链是上、下两个金属板连接装置，像自行车链子一样，因为只有一节，因此称为单铰链式装置。

（3）位于铰链的下金属板与冰刀的连接装置，起到确保刀身固定作用。

（4）弹簧是使冰刀后托与冰鞋后跟脱离后，使其迅速准确回位的装置。金属板是由特殊铝合金材料制成的。该材料既轻又坚实，弹簧有三种弹力值：黄色——正常弹力；红色——过强弹力；蓝色——强身弹力。可根据气温调节弹力值。

4.双铰链冰刀

当今国内外冰上器材专家正在开发更新铰链装置——双铰链冰刀（见图6-15）。穿这种装置的冰刀，在蹬冰时可以利用足趾关节的力量充分蹬冰，加快了蹬冰力的重力加速度；使用者会真正感受具有强力的向前推弹的作用。

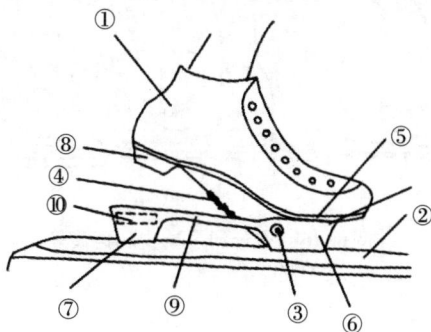

①冰鞋；②冰刀；③、⑤铰链体；④弹簧；
⑥前刀托；⑦后刀托；⑧鞋跟契；⑨铰链架；⑩后刀托凹槽

图6-15　双铰链冰刀结构

四、新型冰刀功能与原理

（一）新型冰刀功能

（1）脚跟的抬起促进身体重心沿冰刀纵向面纵向转动，保持其稳定性。

（2）合理利用人体踝关节生理结构，即纵向转动，保持其纵向侧蹬冰。

（3）保证冰刀在冰面上减小阻力。

（4）踝关节的跖屈延长了蹬冰距离，加大了蹬冰力量和蹬冰效果。

（二）新型冰刀运动规律及原理

（1）新型冰刀运动规律遵守"重心相对不动，支点左右纵向移动"的规律。

（2）传统冰刀的原理是摆线原理中速滑运动员浮腿动作，即收腿、摆腿和下刀，收腿是渐屈半径曲线，摆腿是渐伸半径曲线。

（3）下刀利用冰刀弧度，也是由摆线曲线构成。因此，可以肯定新型冰刀的原理也是摆线原理。

（4）根据人体生理功能即充分利用膝关节、踝和前脚掌趾关节的肌肉群的力量，来快速提高蹬冰速度，即充分利用重力加速度（见图6-16）。

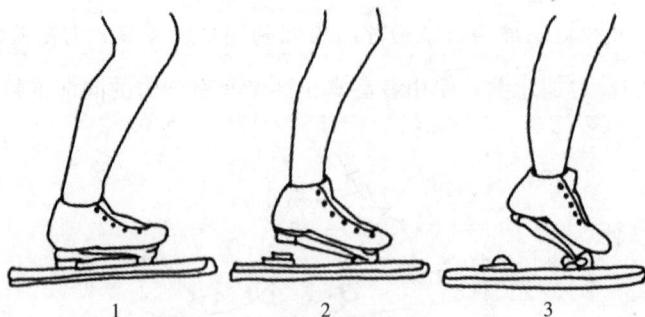

图6-16　充分利用重力加速度

从研究结果中可以看出：

（1）新型冰刀在结束蹬冰一刹那，以最快速度完成蹬冰动作，并将腿全部伸直，扩大支撑半径，这有利于充分快速利用重力加速度即所谓的利用体重蹬冰。

（2）在上述过程中，新型冰刀踝关节蹬冰力量是传统踝关节蹬冰力量近2倍（传统冰刀15%～20%，新型冰刀力量可达30%以上）。

（3）蹬冰时膝关节伸展速度加快，当力传到踝关节时，膝关节加速下降，同时踝关节伸展速度逐渐上升。

（三）冰鞋

冰鞋与冰刀具有一个共同的作用是保证支撑面（支点）的稳定性。因此，应穿从鞋跟到两侧鞋帮都硬实、合脚形的冰鞋，可使运动员正确掌握支撑滑行技术，而不合适的冰鞋将影响运动员滑冰技术的发挥。许多初学者常常抱怨自己踝关节太软立不起刀，其原因可能是由于所穿冰鞋不合脚。

（四）选择冰刀、鞋时的注意事项

1. 冰刀

选择冰刀时应该注意：冰刀刃长度、直度和弧度；刀刃的位置以及与冰鞋是否符合个人特点；冰刀前后刀托是否符合规格。

（1）冰刀刃的长度。

冰刀刃的长度最佳匹配是与所穿冰鞋合适，其刀尖部分占60%，刀跟部分占40%，这样穿上冰刀才会感到平稳。一般冰刀刃的长度应与平时穿的鞋号相对应。（见表6-1）

表6-1　冰刀与冰鞋号码对照表

统一鞋号码	冰刀长度/厘米
欧码29，中国码20号	21
欧码30，中国码20.5号	22
欧码31，中国码21号	22
欧码33，中国码31.5号	23
欧码34，中国码22号	23
欧码35，中国码22.5号	24

表6-1（续）

统一鞋号码	冰刀长度/厘米
欧码36，中国码23号	24
欧码37，中国码23.5号	25
欧码38，中国码24号	25
欧码39，中国码24.5号	26
欧码40号，中国码25号	26
欧码41号，中国码25.5号	29
欧码42号，中国码26号	28
欧码43号，中国码26.5号	29
欧码44号，中国码27号	30
欧码45号，中国码27.5号	31

（2）冰刀刃的直度。

冰刀刃是直的，没有一点的弯曲度为佳。

（3）冰刀刃的弧度。

冰刀刃的底面是一个圆滑的弧度面。

冰刀弧度的作用是减少滑进摩擦阻力，增大蹬冰压力。冰刀弧度的最高点在前刀托下（或在冰刀中间）。要选择大弧度、刃厚的冰刀。

（4）冰刀托的规格。

冰刀托的规格是指后托比前刀托相对高度差，其势能差会造成利用重力的便利条件，即利用"体重蹬冰"的最佳效果。

（5）冰刀刃的位置。

冰刀刃的正确位置是：① 安装的正确位置（见图6-17）；② 冰刀刃垂直刀管（或脚面）。

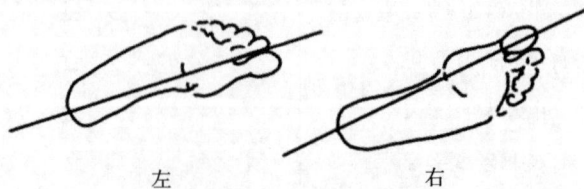

左　　　　　　　右

图6-17　冰刀刃的正确位置

2.冰刀安装的位置

速滑冰刀的安装位置很重要，安装刀在正确位置可以使冰刀正确支撑身体重心，保证其在滑行中平稳移动。

（1）左脚冰刀的安装位置是：左脚冰刀的刀尖刃通常在拇趾与第二脚趾中间位置，刀跟刃位于脚正中间的位置。

（2）右脚冰刀的安装位置是：右脚冰刀的刀尖刃同左脚相比，应相对稍偏内，通常在右脚拇趾的正中下方，刀跟刃位于脚后跟的正中间。其位置要稍偏内一些。

此外，根据个人习惯和脚型不同特点，可在正确的安装冰刀位置的基础上做相应的调整。

3.冰刀冰鞋的安装方法

安装冰刀的方法有三种：第一种是螺钉拧法；第二种是金属透钉螺帽拧法；第三种是金属铆钉铆法。

使用螺钉和金属透钉打法上冰刀时，先将冰刀与鞋捆绑好，再选好位置，然后用螺钉或金属透钉上好左前右后和右前左后的交叉对称的四个钉。最后让使用者带着冰刀鞋到冰上试滑一下，检查是否合适。如果合适则可将冰刀其余螺钉上好拧紧。如果不合适，可拧下螺丝重新定位。用此法安装简单省时省力，但拧不牢易松动，不美观。

最好的安装方法是用金属铆钉铆，这种方法既牢固又美观。目前一般冰刀厂家基本上安装好后投入市场供滑冰者使用。

4.上好的冰刀鞋的标准

（1）两刀（两双鞋）要平行。

（2）两刀尖（两双鞋）垂直同一个平面。

（3）两刀刃垂直（脚或鞋）水平面。

（五）短道速滑器材和护具

比赛时为防止和减少运动损伤，防护用具及器材十分重要，所有练习者必须严格遵守竞赛规则的规定，佩戴下列装备：安全头盔；防切割手套；摸冰手指扣；防切割防扎的护腿板；防切割护颈；头盔号码套；防切割连体服；
冰刀鞋；防护眼镜（可根据个人习惯和爱好选用）；三节软胶冰刀套。

第四节 冰刀的基本打磨方法

（一）磨冰刀的作用

磨冰刀的作用有两条：第一条是将冰刀底与侧面研磨成直角的刃口的刃；
第二条研磨好弧度（包括确定好冰刀弧度最高点），达到减少滑进阻力和增大
蹬冰时的横向阻力的目的。

（二）磨刀的用具

（1）刀架：有木制、铁制、电木、塑料和铝合金等各种类型的刀架。目
前国内最流行的刀架是高度固定、长度可调和带有夹刀刃片成直角铝合金速
滑磨刀架。传统的木制和塑料冰刀架见图6-18。

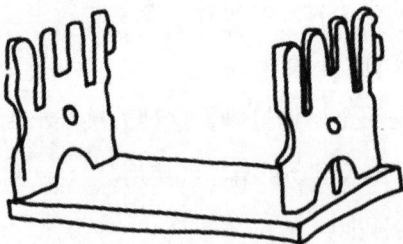

图6-18 传统的冰刀架

（2）磨石：有粗油石、细油石和打边刃用的小细油石，可用大理石、玉
石、金属研磨平板。

（3）磨刀油：用精致的机油做磨刀的润滑剂，目的是减少磨具和磨件的
损耗，缩短研磨时间，将油装入开口小金属或塑料油瓶内备用。

（4）手套：打磨冰刀时以防止弄脏手和刀刃划破手面。

（5）抹布和纸若干：以备磨冰刀擦刀用。

（6）粉笔或者标记笔：在检查冰刀弧度时用来做标记。

（7）直尺和水平尺：检查冰刀弧度，检测冰刀安装是否垂直，检查冰刀刃弯曲、凹心（见图6-19）。

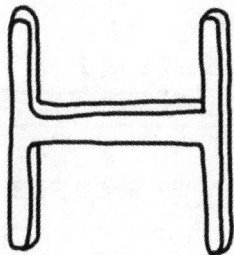

图6-19　直尺和水平尺

（8）直刀器：纠正刀刃弯曲。

（9）大砂轮片：用来做打平油石和开冰刀刃。

（三）磨刀的程序和检查方法

（1）磨刀前先检查冰刀曲直和弧度情况，如有问题用笔做好标记，以便研磨时进行处理。

（2）将冰刀装上冰刀架，可调整装置将冰刀刃调平，并将两刀刀刃顶住刀架后壳处，以保证两刀齐，冰刀弧度前后均衡。调好后拧紧扭柄，固定好冰刀刃，使两刀刃垂直水平面（支撑面）。

（3）在粗油石上抹一层油，将油石横在两个平行冰刀刃上，用拇指和食指按住油石两侧，轻轻地沿刀刃前后推几次，使油均匀沾满全刀刃。

（4）先用"0"型磨刀法将冰刀弧度磨好。方法是从冰刀后部开始磨90—70—50—30—50—70—90—110次。这样用油石自身的重量磨2遍就能磨好，具有摆线性质最佳数字弧度（见图6-20）。

（5）冰刀弧度磨好后，就进入磨刀刃阶段。用斜线推的方法磨110次，两遍就会将冰刀刃从头到尾打好。

（6）用打边小油石将冰刀的边刃毛刺打倒。方法是：将小油石贴在刀刃旁来回打磨，直到毛刺打掉。

| 0.04 | 0.80 | 0.62 | 0.47 | 0.34 | 0.22 | 0.10 | 0.08 | 0 | 0.01 | 0.03 | 0.05 | 0.08 | 0.13 | 0.18 | 0.25 | 0.30 | 0.37 | 0.15 |

110   90   70   50   30   50   70   90

| 1.04 | 0.84 | 0.40 | 0.28 | 0.17 | 0.06 | 0.03 | 0 | 0.01 | 0.03 | 0.04 | 0.06 | 0.10 | 0.15 | 0.80 | 0.27 | 0.34 | 0.42 |

110   90   70   50   30   50   70   90

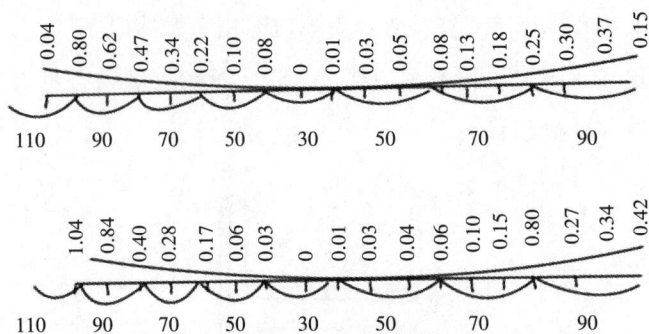

图6-20 最佳数字弧度

（7）用抹布将冰刀上的油擦净，再用细油石滴油后轻沿冰刀正刃前后方向打磨110次，再打掉边刃的毛刺。

（8）最后用大理石沿冰刀前后方向打磨，将冰刀正刃抛光，并再次去掉毛刺。最后检查冰刀四边刀刃是否锋利，如果锋利没有毛边，就达到最佳的磨刀效果。冰刀磨好后用纸擦净，并套上保护刀套准备使用。

（四）磨刀的目的和注意事项

（1）磨刀的目的：

① 将冰刀正刃和外刃或内刃夹面磨成90°直角。

② 将冰刀正刃底面磨成圆弧度，即两个摆线组成的最佳曲线。

③ 直角的刀刃用来增加冰刀滑行的横向阻力，最佳弧度用来减小冰刀纵向滑行阻力。

（2）磨刀的注意事项：

① 用平直的油石打磨冰刀刃，将冰刀刃磨成带有直角刀口的刃，凹心的油石会将冰刀越打越圆。

② 打磨刀刃时，用油石重量自然压力打磨冰刀，可保证磨出均匀弧度、刃。

③ 磨刀时，一定要把刀尖和刀跟都磨到，磨不到的部分会导致冰刀弧度不圆滑，使滑行产生阻力。

④ 固定使用一个刀架磨刀，并标记好前后位置。切记：刀架上要有保证

两刀刃横向定位基准装置，以使磨出标准统一的刀刃和弧度。

⑤ 磨刀时，将冰刀和油石全磨到，可延长冰刀和油石使用寿命。

⑥ 油石在研磨冰刀时应始终垂直于冰刀，经常用大砂轮将稍有凹心油石磨平，这样才能既节省油石又能磨出锋利的冰刀的刃。

（五）冰刀的检查与修理

对冰刀应经常细心检查，一旦发现问题应立即调整并处理好，以保证冰刀用时得心应手。对新型冰刀和传统冰刀的检查主要有：

（1）刀与鞋的结合是否牢固。

（2）冰刀的刃和弧度是否正确合理。

（3）冰刀是否弯曲，刀管与刀托是否有裂痕。

下面是介绍检查冰刀弧度和修正冰刀弧度的方法。

1.检查冰刀弧度

检查冰刀弧度目前有两种方法：一种是用直尺检查法，另一种是用测弧度仪器检查法。第一种方法。简单实用；第二种方法科学精准。

（1）直尺检查法（见图6-21）：将冰刀刃朝上，用手拿直尺将其平稳地放在刀正刃上，并将直尺沿正刃前后方向轻轻滑动，如果直尺在冰刀弧度上滑动无声响，说明整个冰刀弧度是均匀的；若在滑动中感到有阻力或者发出沙沙响声，说明冰刀弧度可能有问题，应进行修理。正确的弧度应该是边尺与刀刃只有一个很小的接合处（见图中箭头指示部分）。

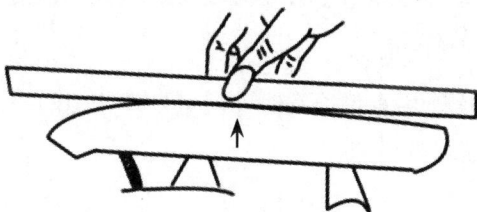

图6-21　直尺检查法

（2）测量弧度仪器检查法。

① 百分表仪器。

② 7点固定式千分表仪器（见图6-22）。

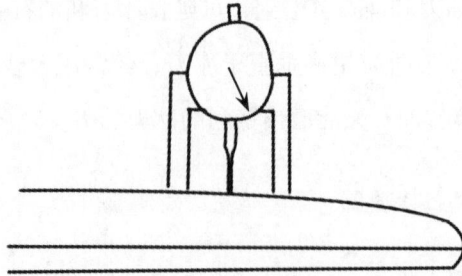

图6-22　固定式千分表

③ 移动式千分表仪器（见图6-23）。

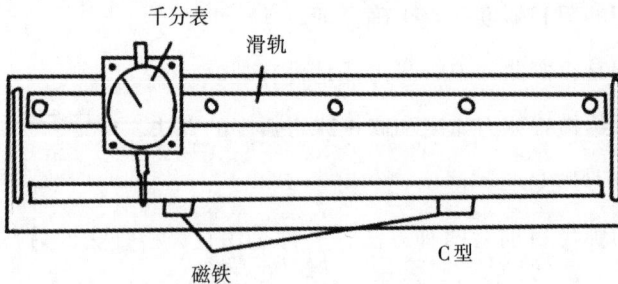

图6-23　移动式千分表

（3）对冰刀弧度的判断。

① 正确弧度。有两种标准，一是直尺与冰刀正刃面有一个很小的结合点；二是用仪器测量的冰刀弧度，两种规格冰刀的弧度即一个弧度由两个摆线弧组成，是标准弧度。

② 平直弧度。直尺与冰刀正刃间有较长的结合处，两箭头之间的部分是平直刃，两头之处则弧度小。

③ 凹心冰刀弧度。用直尺检查时，就可发现冰刀的中段出现中间低的情况，说明刀刃出现两个接触点。

2. 修正弧度的方法

（1）加大刀刃弧度。方法有两种：一种是霍氏法，另一种是摆线式法。霍氏法和摆线式法都是用多磨冰刀两端来加大冰刀弧度的。

① 先从刀尖5厘米处磨，每磨一次则向冰刀中部延伸1厘米，一直磨到

刀刃的中部，重复上述作业2~3次；然后用同样的办法从刀跟向中部延伸磨，磨到冰刀中部结束。从刀尖和从刀跟到中部的打磨次数相同，这样可使冰刀弧度磨得均匀，其弧度最高点在中间。

②从刀后跟5厘米处开始磨90次后再向前5厘米磨70次、50次、30次、50次、70次、90次，磨到冰刀尖3厘米处磨110次结束。其弧度最高点在冰刀前三分之一处即大刀拉下。

霍氏法采用滑动式磨法，而数字式采用画圆式磨法，是滚滑动磨法，用滚动式的磨法冰刀和油石都损失得最少，而且磨起冰刀又省时又省力。

（2）减少刀刃弧度。减少刀刃弧度方法是要多磨冰刀中间部分，少磨两边部分。具体操作是：从冰刀弧度中间向两侧1厘米（即2厘米）的后4厘米到6厘米、8厘米，直到刀尖和刀跟全刃磨到；然后再由中间向两端扩展打磨，直到全刃再次磨完。每磨1~2次以后用直尺或弧度仪器检查一下弧度，当所打磨的冰刀弧度符合要求后，可按正常打磨冰刀弧度程序打磨冰刀，直到达到最佳程度。

（3）修正平直刀刃。造成平直刀刃和弧度较小的原因是磨刀时用力和磨刀次数不均引起的，特别是用电动磨刀机造成的。方法同（1），加大冰刀弧度的方法，磨刀的重点只多磨冰刀刃的两端。将直刃冰刀磨成有弧度的冰刀是一项仔细耐心的工作，要做长期打磨的打算。

（4）修正凹心冰刀。凹心冰刀一般是用8字磨刀法造成的。其修正方法是先用粉笔标记凹心处。打磨时除凹心处，先从刀跟逐渐磨到凹心前的标记，然后从刀尖向凹心处打磨，方法和次数同前。当凹心部分高出后，可按（3）修定平直刀刃法打磨，直到磨成最佳弧度。

（六）冰刀的保护与保养

冰刀是速滑运动的重要器材，应精心呵护和保养。冰刀的保护应做到以下几点：

（1）冰期的保护。

在训练和比赛结束后，将冰刀上的雪水等污垢擦干净，放在安全通风处。

磨好冰刀后，将冰刀上的油泥擦净后套好刀套，放到专用固定的提包，避免其受到挤压使冰刀鞋变形。训练和比赛用刀磨好后要及时套上刀套，以保护刀刃直角刃口不受损。

（2）非冰期的保护与保养。

每当一个冰期结束后，首先将冰鞋清理干净再打好皮鞋油，抛光后，再将冰刀擦干净，将冰刀刃涂上一层凡士林油，用纸包好套上刀套，以防生锈。上述工作完成后可将冰鞋放在塑料袋中或专用鞋盒中，并存放在安全干燥通风良好的地方，以备明年冰期使用。

章节思考题

1. 简述速度滑冰标准场地长度、换道区与跑道相关数据。

2. 简述短道速滑标准场地。

3. 速度滑冰确定起终点的方法包括哪些？

4. 简述短道速滑护具都有哪些。

第七章　速滑运动与健康生活

第一节　速滑运动锻炼价值

速滑是一种集日光浴、空气浴、冷浴为一体的北方冬季综合体育锻炼项目，具有重大的锻炼价值。

长时间在低温下生活是一种不良的生存环境，可能导致多种疾病甚至死亡。而低温下进行体育锻炼则不同，低温会被作为一个锻炼要素来对身体进行条件刺激，从而为健康服务。低温锻炼的作用大致有以下几点。

一、改善心血管和呼吸系统的功能

经常参加速滑运动能显著提高人的心血管系统功能。据测定，优秀长距离速滑运动员的心脏比一般人的心脏横径大4.4厘米，长径大1.5厘米。在安静状态下心脏每分钟跳动40~50次。科学研究成果表明，寿命长短与每分钟心跳频率成反比，这是因为心脏跳动又慢又有力得到的休息时间较长，能够相对减轻心脏的过重负担。医学临床诊断记录表明，经常参加体育锻炼的人患心肌梗死的概率是基本不锻炼的人的三分之一。长期滑冰会使心脏收缩有力，血管壁厚度增加，弹性加大，每搏输出血量增加。所以，滑冰可以锻炼出一颗健康的心脏，经常参加滑冰锻炼的人呼吸的幅度、深度超过一般人将近1倍（一般人的呼吸差是5~8厘米，经常参加滑冰锻炼的人是9~16厘米）。而滑冰由于项目特点所致，要求人们采用复合式呼吸（胸腹混合呼吸）。

资料表明，男速滑运动员最大摄氧量平均为5.8升/分钟，女速滑运动员最大摄氧量平均为3.1升/分钟，而普通男子只有3升/分钟左右；速滑运动的最大负氧债能力达到15～20升/分钟，而普通人只有10升/分钟。这就说明，经常参加滑冰运动的人，其心肺等系统功能获得较大的改善。

长期的体育锻炼或运动训练引起的以心室腔扩大与心室壁增厚为主要标志的心脏增大称为运动性心脏增大。这种增大伴有心脏射血功能的提高，又称为运动员心脏。这是心脏对体育锻炼或运动训练生理适应的结果。

二、对神经系统有最佳的调节作用

对大自然的适应能力是衡量一个人体质的好坏、强弱的重要标志，其中就包括耐寒与耐热的能力。俗话"冬练三九，夏练三伏"，就说明耐寒能力需在寒中练。经常参加冰雪运动的人，由于经常与冰雪严寒打交道，对严寒冷风具有较强的适应能力。这是因为，通过低温刺激人体，提高了神经系统的调节能力。因此，经常参加滑冰锻炼的人，由于体温调节功能的改善，人体的内分泌功能、脑垂体功能加强，不容易伤风感冒，从而提高人体对疾病的抵抗力。由此可见，通过滑冰锻炼刺激人体神经系统能够大大改善其功能。

我们衡量一个人体质强弱时，不仅要看他的身体各个器官系统的发育情况、身体素质的强弱，还要看他对外界的适应能力，其中耐寒能力与耐热能力是很重要的一个方面。世界卫生组织认定的十条健康标准中的第四条是应变能力，能适应外界环境的各种变化，第五条是能抵抗一般性的感冒和传染病。滑冰运动员在抗寒、抗感冒、抗呼吸系统疾病等方面明显超过一般人。

虽然说人人都能够通过下丘脑来调节自身以适应外界气温的寒冷变化，但通过后天的经常刺激与锻炼能够大大改善其功能状况和控制平衡的能力。

三、有利于意志修炼和心理健康

低温下体育锻炼是人在不良气候下所进行的一种主动性行为，是向自然发起的挑战，是在良好心态下进行的感兴趣活动。与惧怕寒冷的人相比，锻炼者有自豪感、神圣感，心理状态是积极的，对身体健康和意志锻炼是有益的。

四、有利于增强人的能量代谢率

在冬季进行锻炼是对整体身体机能的极大促进。如循环系统要超常地工作：一方面要满足肌体由于抵御寒冷而产生热量的需要，另一方面还要供应运动对营养的需求。长期坚持，心血管功能将逐步得到增强。在北极圈中生存的爱斯基摩人的能量代谢率就比温带人高20%～30%。经常在低温下锻炼，身体能量消耗大，可刺激人的饮食、消化和吸收，能量代谢效率会大大提高。

五、有利于减少或避免低温环境给人带来的不良影响

经常在低温条件下锻炼，反复刺激可提高植物性神经系统反应的灵活性和耐受性，对低温下使人产生的不良反应或延迟或减弱；而身体需要做出的降低热量消耗、增加能量供应等能量供应则进程加快，数量增多。

统计结果表明，对低温的逐步适应，可减少感冒的发生率和持续时间，使血压对温差的反应有所减弱，由于运动出汗而减轻肾脏的负担，这些对健康是有益的。据我们对哈尔滨60名55—65岁居民的调查统计发现，长年锻炼者、冬季不锻炼者和全年不锻炼者，感冒发生率是不相同的。

六、可增强人体的耐寒和抗病能力

低温锻炼对预防感冒、防止冻伤作用最直接。经常在低温中锻炼者，血管的小动脉收缩与扩张的调节能力强，热交换和热平衡能力好，可避免冻伤的发生。有人做过测验，滑雪运动员受冷进入室内后，4～6分钟身体各项指标恢复正常，而非运动员10～13分钟仍有个别项目不能恢复常态。

在低温下经常锻炼身体，人体对寒冷的适应能力就会大为增强，低温对肌体的负面影响阈值就会提高，从而有助于减少疾病。有人做过一个实验，先让兔子在-30℃低温中生活7周，然后转移到-45℃的环境中经历8小时，兔子仍很健康。而事先没有经过低温锻炼一下子就到-45℃环境中的兔子，会发生冻疮甚至死亡。我们知道，参加冬季体育运动，不仅能锻炼身体，增强体质，而且能锻炼不怕严寒的坚强意志，提高身体的抗寒能力、增强抵抗各种

疾病的能力。俗话说的"冬练三九"，就是人们在长期锻炼中总结出来的宝贵经验。冬季体育锻炼，由于肌肉不断收缩，呼吸加快，血液循环加速，新陈代谢旺盛，身体产生的热量增加，同时还增强了大脑皮层的兴奋性，使体温调节中枢灵敏，准确地调节体温，提高人们的御寒能力，还会增加大脑氧气的供应量，所以坚持冬季锻炼的人，对消除大脑长期学习带来的疲劳，增强记忆力，提高学习效率，都有积极的作用。俗话说："冬天动一动，少闹一场病；冬天懒一懒，多喝药一碗"，这是什么道理呢？因为，冬季锻炼大部分时间是在室外进行，不断受到冷空气的刺激，人体造血机能发生明显变化，血液中的红血球、白血球及抗疾病的抗体会不断增多，身体抵抗疾病的能力就会增强。所以坚持冬天锻炼的人就会少生病。

七、回归自然功能

在现代社会中，人们渴望回归自然。速度滑冰能提高人们在自然环境下的生存能力，在自然环境中进行速度滑冰可以利用自然、贴近自然、回归自然，积极开展自然环境下的速滑运动对提高学生生存能力和基本体能都具有良好的作用。

第二节　速滑运动中的安全知识

一、滑冰者注意事项

（1）要做相关准备活动。准备活动可提高体温，促进代谢活动。随着体温的上升，新陈代谢的功能约提高13%。从生理的角度来看，身体的准备活动能提高有机体的工作能力。陆上准备活动做好之后，就可以穿冰鞋上冰了。

（2）首先不要急于滑跑，应做一些简单的熟悉冰性和冰刀性能的动作，如冰上站立、行走、走滑、单蹬双滑，然后再慢滑几圈，并观察一下冰上哪有裂缝或冰坑，再进行加速练习。

（3）练习时注意沿逆时针方向滑跑，以免相互冲撞，并注意尾随时不要离得太近，以免发生前面的人摔倒冰刀碰伤后面人的身体。尽量不要在人群密集的地方进行练习。

（4）在冰上练习前要了解天气的变化，天气暖时穿的衣服既要轻便又要保暖，以防出汗感冒。天气冷至-25℃以下或大风天气，可暂时停止练习（气温过低会发生冻伤）。

（5）上冰脱下的鞋和衣服要放在距冰场最近的地方，不要乱放，以防丢失或影响他人滑跑。

（6）在练习滑跑时，如果感到累了，可休息一下，但尽量避免停下休息，应以直立的慢滑或走动休息为主。如果脱掉冰鞋到陆上，鞋里更凉，穿上后会更不舒服，人体热量损失更大。

（7）在冰上滑跑中，停下来休息，或请别人指导或观看，都应注意不要站在直道和弯道的内侧，更不能站在直弯道交接处，因为这样会影响他人滑跑，同时对自己也不安全，应站在冰场的边上或站在冰场里圈进行休息，接受指导或观看。

（8）切记在冰场上不要拿长杆或扶着椅子乱跑。

（9）练习结束时，不要立即下冰休息，应在冰上做一些整理活动，在冰上慢滑几圈做一下放松肌肉活动然后再下冰。

（10）初学者应在场内人较少的地方练习，以防人多发生碰撞时躲闪不及而摔倒。初学者应注意循序渐进。要保持重心平稳移动，按动作要领去做，不要急于求成，以免因身体暂时疲劳、机体反应能力差，引起意外伤害事故。

二、管理者注意事项

（1）严格冰场制度。要求按逆时针方向滑行，不要顺时针滑行或横穿跑道，更不许在跑道倒滑、打闹或互相追逐，几个人不要并排滑行。前行时前后之间注意保持适当距离，兼顾左右滑冰的人。

（2）加强对冰场的管理。冰场的裂缝、冰坑、木屑、碎石、雪块等要及时清理、修补。

三、冻伤的预防知识

人体是一个统一的有机体，在调节体温的神经中枢指挥下，它可以自行调节体温以适应外界温度的变化。例如天冷时能增加产热过程，并减少热量的过度散失，以保持体温在37℃左右。但如外界温度过低，会导致身体局部如手、脚、脸、耳受到刺激，破坏它们正常组织结构而引起血液循环障碍，造成这些部分冻伤。除外界低温冻伤外，冻伤还与潮湿刮风、人体抵抗能力和局部肌肉不活动有关。

冻伤发生后患处发痒疼痛，影响冬季冰上活动及正常休息，给学习工作带来很大不便。因此，有必要对冻伤进行预防和治疗。

加强对冻伤的发生、冻疮出现的原因的全面认识，采取适当的预防措施和良好治疗方法，可以有效避免冻伤的发生，防止冻伤和冻疮的出现。

（一）冻伤种类和特征

冻伤按轻重程度分三级。一度冻伤即红斑级，表现为局部皮肤苍白，个别地方有红肿，有麻木感和痛感、发痒。二度冻伤即水泡级，除皮肤红肿外，还有大小不等的水泡，水泡破后流出黄水，有发热感，疼痛较重。三度冻伤即坏死级，局部坏死，感觉消失，皮肤呈紫褐色。

一、二级冻伤一般发生在初冬季节，二、三级发生在冬季末期。初冬温度一般在-8～-3℃，深冬一般在-20℃以下，容易发生冻伤。冻疮一般是在冻伤反复侵创下发生的，多因身体某部位得了冻伤，没有及时治疗或治愈而出现。一到了冬季，冻伤部位又会重新出现冻伤症状。

（二）冻伤出现原因及防护

1.冻伤出现原因

在冰上活动时，有以下几种发生冻伤的原因：由于保暖装备不好、不齐全，发生冻伤；由于衣物潮湿发生冻伤；由于皮肤保暖性差，造成皮肤抗寒能力差，发生冻伤；由于冰鞋带系得太紧，造成脚部血液循环不通畅，发生冻伤；裸露在外的耳朵、鼻子、手、脸，由于滑跑时风速大造成这些部位散热快，体温降得快，发生冻伤。

2. 冻伤的预防

应在初冬和深冬做好防寒工作，预防冻伤的出现。要准备好手套、冰帽和鞋套等防寒物品。

有冻伤史的人在入冬时用茄子秸煎水，早晚各一次用 35～40℃ 的茄子水清洗或浸泡患处，浸泡后再用生姜汁擦涂患处，直到把患处擦红为止。这样，可改善该部位的血液循环，恢复肌肉功能，增强抗寒能力。

天气严寒时，露在外面的皮肤要涂上保护性的油脂，并在剧烈运动后或比赛后及时穿上保暖服装，既防感冒又防冻伤。在允许的情况下，尽量食用蛋白质和脂肪含量高的食品，以增加机体抗寒能力，达到防冻伤的目的。

（三）冻伤的一般急效方法

（1）冻伤急救治疗采取的方法是否正确对冻伤后续治疗和恢复的影响极大。伤员获救后应尽早脱离寒冷环境，进入温暖避风场所，采取保暖措施。详细询问受冻时的气象条件、冷暴露持续时间、着装情况等，以便估计伤情。

（2）条件允许时应立即送医疗单位救治。如受冻部位已融化，运送途中一定要注意保温，避免患部再次受冷冻结，冻融再冻会造成不可逆转的组织损伤。如后送途中有再次冻结的可能，则不要复温而保持冻结状态，到达医疗单位后再开始复温。严禁用已融化的冻伤肢体行走，以免造成水泡破裂和创伤，增加感染的危险。

（3）无运送条件只能就地救治时，最好做温水浸泡快速复温治疗。方法是将患部浸泡在 40～42℃ 水中，直至冻结融化、远端皮肤尤其是趾（指）红润为止（一般为 15～30 分钟）。颜面冻伤可用 42℃ 的湿毛巾局部热敷。

（4）无快速复温条件时，可由他人或伤员本人怀抱冻肢利用体热复温。如将轻度冻伤的手指放在腋窝下、腹部或大腿根部复暖，将冻伤的脚踝放在伙伴腹部衣服下复暖。或者是在室温下自然融化复温。复温时出现疼（剧）痛是正常现象，患者要有思想准备，必要时可服用镇痛剂。

（5）对于冻结部位已融化的冻伤，温水浸泡快速复温治疗无效，应采用40℃、1%洗必泰溶液浸泡复温，每日两次，每次20～30分钟，连续6～7日。此法对融化72小时以内的冻伤有显著疗效。

（6）严禁用冰雪揉搓、冷水浸泡、按摩捶打患部的方法复温，禁忌用明火烘烤复温。

章节思考题

1. 简述速滑运动如何改善心肺功能。

2. 简述为什么低温下进行体育锻炼与低温下挨冷受冻不一样。

3. 简述冻伤的一般急救方法。